SUPERSTITIONS,

COUTUMES ET

CROYANCES

Catalogage avant publication de Bibliothèque et Archives Canada

Éricson, Jonathan S.

   Superstitions, coutumes et croyances

   2e édition

   (Collection Nouvel âge)

   ISBN : 2-7640-0986-0

   1. Superstitions. 2. Croyances populaires. 3. Proverbes. I. Titre. II. Collection.

BF1775.E75 2005   001.9'6   C2005-940360-8

LES ÉDITIONS QUEBECOR
Une division de Éditions Quebecor Média inc.
7, chemin Bates
Outremont (Québec)
H2V 4V7
Tél. : (514) 270-1746
www.quebecoreditions.com

© 2005, Les Éditions Quebecor, pour la présente édition
Bibliothèque et Archives Canada

Éditeur : Jacques Simard
Conception de la couverture : Bernard Langlois
Illustration de la couverture : DigitalVision
Révision : Sylvie Massariol
Correction d'épreuves : Francine St-Jean
Infographie : Composition Monika, Québec

Nous reconnaissons l'aide financière du gouvernement du Canada par l'entremise du Programme d'Aide au Développement de l'Industrie de l'Édition pour nos activités d'édition.

Gouvernement du Québec – Programme de crédit d'impôt pour l'édition de livres – Gestion SODEC.

DANGER

LE PHOTOCOPILLAGE TUE LE LIVRE

Imprimé au Canada

Jonathan S. Éricson

SUPERSTITIONS, COUTUMES ET CROYANCES

LES ÉDITIONS
Quebecor
QUEBECOR MEDIA

UNE JOURNÉE DANS LA VIE D'UNE PERSONNE SUPERSTITIEUSE

Imaginez un peu ce que peut être l'existence lorsque l'on tient compte de plusieurs croyances et coutumes, lorsqu'on est, en fait, une personne superstitieuse. Dans les temps anciens, cela faisait souvent une différence entre la vie et la mort, alors qu'aujourd'hui...

Prenons le temps d'examiner comment se vit une simple journée lorsqu'on est superstitieux. En premier lieu, vous devez faire attention à la façon dont vous sortez du lit: il faut que cela se fasse du côté droit; sortir du côté gauche ne présage rien de bon et rend même bougon.

Pour vous vêtir, il faut toujours commencer par le côté droit en premier, sinon c'est une mauvaise journée qui se prépare. N'oubliez pas les amulettes et les charmes de protection; on ne sait jamais... C'est bientôt fait, mais si vous avez mis quelque chose à l'envers, il ne faut surtout pas rectifier cette erreur; pourquoi tenter le sort? S'il vous manque un bouton, c'est qu'on parlera dans votre dos. Pour neutraliser ce danger, le port du bleu est essentiel.

Avant de quitter votre chambre, vous devez faire votre lit afin d'éviter une prochaine nuit troublée. Lorsque vous mangez, passez les mets vers votre droite. Si vous renversez du sel, jetez-en aussitôt quelques grains au-dessus de votre épaule gauche afin de conjurer le mauvais sort. Lorsque vous préparez le repas, veillez à ce que le lait ne bouille pas; cela présagerait une brouille. Brasser le café d'un autre amène des malentendus. Une fois votre tasse de thé bue, vous pouvez en lire les feuilles.

C'est une journée plutôt moche et vous commencez à éternuer; couvrez bien votre bouche afin d'empêcher votre âme de s'échapper. Si c'est un mercredi, vous allez sûrement recevoir du courrier. Vous devez aussi vous souvenir de ne pas laisser de fleurs près du lit de votre mère malade et de manger une pomme par jour afin d'éloigner les médecins.

Il est maintenant temps de sortir. Si le soleil est de couleur rosée ou rouge, cela indique qu'un orage surviendra bientôt; prenez donc un parapluie avec vous. N'oubliez surtout pas de placer quelques pièces de monnaie dans votre sac et vos poches pour vous porter chance et assurer l'abondance, surtout si ce sont des vêtements neufs. Regardez bien autour de vous afin de vous souvenir de tous les détails: les deux pies qui ont croisé votre chemin indiquent de la joie et du plaisir; par contre, la rencontre avec un gaucher pourrait neutraliser la joie si vous ne croisez pas vos doigts derrière votre dos. Autre présage merveilleux, vous avez trouvé un gant abandonné; si vous pouvez le rendre à son ou sa propriétaire, c'est encore mieux.

La chance vous sourit; vous trouvez une pièce de monnaie, vous passez près d'une fontaine et l'y jetez en faisant un vœu. Avant d'entrer au bureau, vous jetez un coup d'œil dans le miroir. Attention, il est brisé! Ne vous y regardez pas, sinon la maladie pourrait entrer en vous. Par la suite, il faut éviter à tout prix que l'on prenne votre photo, les choses vont assez mal comme ça.

Une fois tous ces périls évités, respirez profondément, mais attention! un corbeau vole à votre gauche. Vous devez maintenant passer la journée assis à l'envers sur votre chaise pour renverser le sort. Vous pensez peut-être vous marier; rien de mieux qu'un morceau de gâteau de noces passé neuf fois à travers un anneau. Si vous voulez vous assurer de la fidélité de votre amoureux, faites brûler quelques pépins de pomme; si les pépins ne sautent pas, c'est qu'il y a un problème...

La journée s'est relativement bien passée malgré tout, et c'est maintenant le temps de souper. Attention à ne pas croiser votre couteau et votre fourchette, cela présage des disputes. Si c'est votre anniversaire, il vous faut éteindre toutes les chandelles de votre gâteau avant de faire un vœu.

L'air du soir est plein de fantômes et d'énergie néfaste, alors pourquoi ne pas rester à la maison? Pensez à une question et ouvrez un livre pour y découvrir la réponse. Écoutez attentivement le bruit des flammes dans votre foyer: si le feu rugit, il y aura tempête; si les braises craquent, elles annoncent du gel.

C'est le temps d'aller dormir. Assurez-vous de la position de votre lit: la tête doit se trouver au nord pour éviter les cauchemars. Toutes vos fenêtres doivent être bien verrouillées afin que n'entrent pas les esprits de la nuit et les créatures des ténèbres. Des guirlandes d'ail ne sont pas de trop. Pour plus de sécurité, croisez vos chaussures et vos bas au pied du lit; deux précautions valent mieux qu'une. Entrez dans votre lit par la droite et enfoncez votre visage dans un oreiller plein de camomille pour bien dormir, car après tout, demain arrivera bien assez vite.

Une journée vraiment chanceuse

La vie est merveilleuse car dès votre réveil, vous avez le souvenir d'un rêve particulièrement chanceux. Vous sortez du lit du pied droit, mais du côté opposé à celui où vous y êtes entré la veille, ce qui vous indique une surprise agréable à court terme. Vous vous habillez sans faire de gaffes et dans les couleurs appropriées pour la journée. Il est temps d'aller vous restaurer. En arrivant à table, on vous fait remarquer que vous avez enfilé votre chandail sens devant derrière; un autre excellent présage. La journée s'annonce bien. Vous renversez un peu de sucre, ce qui indique une joie prochaine. En allant chercher votre pain, les tranches semblent voltiger autour de vous; ne vous en faites pas, car lorsque le pain danse, c'est l'abondance. La journée est bien commencée; vous devez maintenant sortir.

En chemin, vous croisez un corbillard vide, signe de chance inespérée, vous prenez bien garde de ne pas vous retourner et continuez votre chemin. À quelques pas de là, vous trouvez quelques pièces de monnaie, encore un signe de chance. Un mendiant se trouve tout près et vous lui glissez les pièces; après tout, pour que la chance continue, il ne faut pas garder ces cents. Une coccinelle se pose doucement sur vous. Vous prenez bien garde de ne pas lui faire de mal.

La journée se passe très bien, aucun mauvais présage, une journée idéale...

En revenant à la maison, vous passez sous les feuilles d'un érable immense qui vous procure force et vitalité. Une volée d'oiseaux croisent votre chemin, ils volent de droite à gauche, ce qui est excellent. En vous penchant, vous découvrez un trèfle à quatre feuilles que vous vous empressez de placer dans votre portefeuille, près de votre billet de loterie et rentrez à la maison pour vous reposer. Dans l'embrasure d'une fenêtre, vous remarquez une araignée occupée à tisser sa toile: «*Araignée du soir, espoir...*» À la maison, vous allumez une bougie qui lance aussitôt une petite étincelle, cela vous indique une visite prochaine, et vous avez très hâte de recevoir cette personne.

En allant vous coucher, vous échappez une épingle à cheveux, c'est qu'on pense à vous. Vous vous couchez tranquillement, mettant fin à une journée de chance exceptionnelle.

Une journée fatidique

Vous vous éveillez en sursaut, un cauchemar vous tenaillait. En ouvrant les yeux, vous vous souvenez que dans ce rêve, vous aviez mal aux dents, signe de maladie prochaine. Naturellement, vous vous levez du pied gauche en vous cognant les orteils contre un meuble. Mauvaise journée en perspective! Vous tentez de penser à autre chose et enfilez votre chemise à l'envers; pis encore, vous l'enlevez aussitôt pour la remettre à l'endroit.

Décidément, tout va mal! Vous sortez de votre chambre en vous frappant le coude gauche, signe d'une visite inopportune prochainement. Arrivé à table, vous renversez la salière et en tentant de conjurer le mauvais sort, vous faites tomber votre cuillère qui, naturellement, atterrit à l'endroit, présage de déceptions. Il vous faut sortir au plus vite.

Comme de raison, il pleut, et en prenant votre parapluie, celui-ci s'ouvre dans la maison. Vous êtes tenté de rentrer vous coucher mais, malheureusement, vous avez des obligations à respecter. Il va sans dire que c'est une journée qui a mal débuté et on dirait que cela va continuer car, en sortant, vous écrasez une grosse araignée et vous pensez aussitôt: «*Araignée du matin, chagrin...*» La journée est assurément gâchée lorsque vous passez, sans y faire attention, sous une échelle: pas de mariage pour vous cette année.

Plus tard dans la journée, on vous demande de jeter les dés; il fallait s'y attendre, un double «4» vous annonce des problèmes. En revenant à la maison, un chat noir passe devant vous en venant de votre gauche. Vous vous dépêchez de rentrer pour vous cacher sous vos couvertures. La journée doit se terminer avant que vous soyez confronté à de pires présages...

INTRODUCTION

L e but de cet ouvrage est d'offrir à ses lecteurs un vaste panorama des superstitions, des croyances, des coutumes et des dictons qui sont arrivés jusqu'à nous par des moyens plus ou moins... détournés. Même si, souvent, ils n'ont plus la même signification ou que celle-ci a été dénaturée ou simplement perdue au fil des ans, on continue toutefois de faire le geste, de répéter la phrase et d'y porter foi sans se poser de questions.

Comme il est impossible de couvrir tous les domaines qui touchent de près ou de loin la superstition – cela demanderait une encyclopédie –, je m'en tiendrai aux superstitions du folklore populaire et ne toucherai que très peu les domaines de la magie et de l'astrologie. De même, je ne ferai qu'effleurer les superstitions qui découlent des religions – elles font tellement partie intégrante de la vie quotidienne que l'on ne peut les passer sous silence.

J'ai, en fait, préféré concentrer mon attention sur les sujets généraux que tout le monde connaît et dont il est amusant de retracer l'origine. En lisant cet ouvrage, vous découvrirez, probablement à votre grande surprise, jusqu'à quel point vous êtes personnellement superstitieux et dans quel domaine vous l'êtes!

CHAPITRE 1

D'OÙ VIENNENT LES SUPERSTITIONS?

Il arrive à tout le monde de se prendre à répéter un dicton ou de faire attention de ne pas passer sous une échelle. Il se peut que nous sachions qu'il n'y a rien de vrai dans des coutumes que nous répétons ou faisons mais, même là, on dirait que c'est plus fort que nous: nous ne pouvons nous empêcher d'y revenir. Ces superstitions, ces dictons populaires, sont avec nous depuis des temps immémoriaux; ils font tellement partie de notre culture, que nous les répétons sans même y penser, même s'ils n'ont rien à voir avec la réalité moderne.

On appose sans discrimination le terme *superstition* à toutes les pensées ou à tous les comportements dont nous ne connaissons ni l'origine ni même parfois le but; ce qui nous paraît maintenant une superstition était sans doute une façon de perpétuer certaines connaissances à une époque où très peu de gens savaient lire et écrire. Ces informations ont cependant été modifiées avec le passage du temps, et ce qui en reste de nos jours se limite à une ou deux phrases dont le sens nous échappe parfois. Il est donc difficile de définir ce que sont les superstitions parce que, en général, celles-ci diffèrent d'une contrée à l'autre, quand elles ne sont pas totalement à l'opposé. Il faut aussi avouer que bien des superstitions prennent racine dans le monde préchrétien, après quoi le christianisme s'est érigé en seule source de croyance acceptable pendant plusieurs siècles, en Occident du moins. Par contre, de nos jours, il est intéressant de noter que plusieurs superstitions sont directement reliées au christianisme ou à d'autres grandes religions.

En fait, les superstitions ont souvent un fond de vérité, même si ce n'est pas toujours explicite: leur valeur tient alors à leur efficacité. La phrase «*En avril, ne te découvre pas d'un fil*» veut tout simplement indiquer qu'avril est un mois où il survient parfois des froids hivernaux et qu'il vaut mieux prendre garde à ne pas se dévêtir trop rapidement, au risque d'en subir les contrecoups. Ce dicton est issu de la somme d'observations qui ne se sont jamais démenties.

Bref, qu'il s'agisse de dictons ou de superstitions, on peut trouver aujourd'hui que le phénomène annoncé est erroné ou fantaisiste, mais il n'en demeure pas moins que sa source est bien réelle. Par exemple, le fermier peut ignorer ce qui cause la foudre, mais son interprétation de l'attitude des animaux avant un orage peut lui permettre de prévoir qu'il y aura du tonnerre et des éclairs. En fait, la superstition est souvent issue d'une intériorisation du contact entre l'homme et la nature ou entre l'homme et la société.

Il reste tout de même que certaines coutumes ayant cours jadis nous semblent complètement farfelues de nos jours. Par exemple, se couvrir la bouche lorsqu'on bâille est une coutume très ancienne du temps où l'on croyait que des démons pouvaient nous posséder ainsi; se couvrir la bouche empêchait donc l'entrée des mauvais esprits. La superstition était une façon de s'allier des forces abstraites, de les rendre familières, de les amadouer en quelque sorte. Plus tard, cette coutume est devenue une forme de politesse. Résultat: dans la vie de tous les jours, on finit souvent par intégrer certains mouvements, certaines actions qui puisent leur origine dans les religions anciennes. Plus près de nous, le culte des saints illustre très bien ce phénomène. Ceux-ci deviennent plus accessibles lorsqu'ils sont intégrés à une dimension quotidienne; si saint Antoine peut nous aider dans une difficulté, il devient par conséquent un ami, presque un voisin...

Les superstitions sont aussi parfois les restes d'une véritable science archaïque qui est parvenue jusqu'à nous sous forme de rimes ou de bribes de poésie comme les présages, les vœux, le sens d'un soupir, et ainsi de suite. C'est souvent tout ce qui nous reste de civilisations très anciennes dont l'existence même est mise en doute. On peut penser à l'Atlantide, par exemple. Il y a aussi des civilisations dont on ne connaît pas grand-chose, comme les Nubiens. On sait que ce peuple d'Afrique fut vaincu par Rome, mais guère plus. C'est que les vainqueurs écrivent l'histoire selon leur bon plaisir, en cherchant à faire disparaître complètement toute trace de l'existence de leurs adversaires, comme s'ils n'avaient jamais existé. Il nous arrive donc parfois quelques bribes de savoir provenant d'un de ces peuples vaincus mais, malheureusement, l'information est trop fragmentaire pour en retracer les véritables origines. Lorsqu'une superstition provient d'une telle source, on peut la qualifier de survivante, tandis que les autres superstitions représentent plutôt des «innovations» entretenues pour concilier l'univers et les forces surnaturelles.

Qui est superstitieux?

Ce terme a un petit quelque chose de péjoratif qui nous fait hésiter à admettre que nous faisons partie des superstitieux. On dirait que ce savoir est toujours un peu en dessous de la barre, et qu'avouer y accorder une certaine importance, c'est faire preuve d'ignorance! S'il est vraisemblable pour un peuple primitif de ressentir certaines peurs et de posséder certaines croyances superstitieuses pour y faire face, est-ce rationnel pour une personne vivant à l'ère moderne?

Prenons l'exemple des miroirs. Un individu primitif croit que son âme est absorbée par la glace qui lui fait face; il est donc tout à fait normal, pour cette personne, de craindre de perdre son âme si le miroir se brise. Cette personne agit de façon rationnelle, à la lumière de ses connaissances. Évidemment, il n'y a aucune logique, aucun aspect rationnel qui puisse nous permettre de soutenir que briser un miroir porte malheur; c'est une superstition.

La personne superstitieuse fonctionne par analogie; elle compte sur une participation des éléments dans sa vie, croyant en une humanisation des objets, qui se manifestent, selon elle, par leur habileté à communiquer un message ou un présage. Les gens superstitieux organisent d'ailleurs leur monde sacré, le *surnaturel*, à la façon de la société humaine: il le divise en amis qu'on accueille et en êtres néfastes qu'il faut éviter. Comme le disait très clairement T. S. Knowlson, historien britannique et chercheur au niveau du folklore ancien: «*La véritable origine de la superstition est à rechercher dans l'effort des premiers hommes pour expliquer la nature et sa propre existence, dans son désir de s'approprier le destin et d'appeler la fortune, dans son souhait d'éviter les diables et les démons qu'il ne pouvait comprendre.*»

Par conséquent, il est évident que la superstition, sous une forme ou une autre, provient de la peur, mais aussi d'une volonté de maîtriser son univers. C'est la raison pour laquelle il existe un si grand nombre de croyances, de coutumes et de dictons concernant la naissance et la mort, la santé et les maladies, les conditions atmosphériques et les saisons.

Les superstitions vivent en nous à un niveau très profond; ce sont des vérités reconnues depuis nos racines les plus primitives. Même dans ce que nous sommes, à l'aube de l'an 2000, il reste une impulsion primitive, l'instinct qui peut nous sauver la vie en activant nos réflexes et en nous permettant de réagir à temps. Ce fond de primitivisme est à l'aise avec les superstitions, les présages et toutes choses semblables; c'est une façon de saisir les éléments et de les placer dans une dimension qui devient alors compréhensible. Vu sous cet angle, il est naturellement plus facile d'accepter que même l'homme moderne se conforme à certains rituels.

Mais la majorité des personnes qui acceptent une certaine dose de superstitions dans leur vie le font généralement sans vraiment y penser, automatiquement. Lorsqu'elles se savent superstitieuses, elles se disent, qu'après tout, une petite superstition par-ci, par-là ne peut pas faire de mal...

Et puis, il y a cette petite voix qui nous souffle à l'oreille: «*Et si c'était vrai...*»

Les catégories de superstitions

On pourrait croire que la superstition est en voie de disparaître dans notre monde moderne; pourtant, il n'en est rien. J'ajouterais même qu'au contraire, la société urbaine a donné naissance à ses propres superstitions. Lorsqu'on parle d'un déclin de la mentalité superstitieuse, il s'agit des formes les plus anciennes de celle-ci, issues, notamment, d'une culture agricole très liée à la nature et aux changements de saisons. Les superstitions modernes se conforment à notre environnement actuel; les dictons et les croyances sont alors réécrits de façon à s'adapter à notre société, à notre vécu.

Le type de superstition qui m'a intéressé dans le cadre de cet ouvrage est celui qui provient d'une culture, d'un environnement familial, régional, et qui possède parfois un langage spécifique; au cours des siècles, il s'est enrichi d'éléments appartenant à divers peuples. Ces superstitions sont aujourd'hui communes à toutes les cultures et à tous les pays sous un aspect ou un autre. Elles se présentent sous trois formes :

- **Les présages**, ou signes annonciateurs, qui nous aident à pressentir l'avenir ; ils proviennent généralement de la nature. Le présage ne tient pas compte de la volonté des individus, il les prévient, sans plus. On peut aussi rechercher les présages pour répondre à une question ; par exemple, pour trouver un conjoint ou pour connaître son niveau de chance.

- **Les rites**, ou gestes rituels, qui sont accomplis pour obtenir un certain résultat. Planter ces choux à une date spécifique pour qu'ils grossissent plus rapidement, entrer dans sept églises le Jeudi saint pour obtenir une faveur. Que ce rituel soit rationnel importe peu, ce qui est mis en question ici, c'est la foi de l'individu qui agit.

- **Les gestes quotidiens**, qui sont investis d'un pouvoir extraordinaire dépassant leur utilité pratique. Par exemple, se lever du pied gauche fait prévoir une mauvaise journée. Tous ces gestes que l'on peut répéter automatiquement deviennent alors empreints d'une signification profonde, qui nous apporte la chance ou la malchance, selon le cas.

Ces catégories expliquent les différentes formes du langage des superstitions composées habituellement de phrases courtes. Il y a les « pour obtenir ceci, il faut faire cela », le conseil, simple, direct et facilement intégré ; il y a aussi les « si vous faites ceci, il se passera cela », la directive ; il y a encore « si ceci arrive, il se passera cela », ou « si ceci se produit, c'est signe que... », l'observation. Cela dit, il s'agit toujours de possibilités, de *il faut* et de *si*, et cela nous ramène invariablement à l'observance de certaines règles, de certaines conditions. Il s'agit parfois d'observations vieilles de plusieurs centaines d'années qui sont enfouies dans les lignes d'un dicton. Il est très intéressant de découvrir ce qui se cache derrière tout ce fatras qui, bien des fois, il faut bien l'admettre, ne rime à rien à première vue.

L'évolution des superstitions et des traditions à travers les âges

Les superstitions n'ont survécu jusqu'à nos jours — et jusqu'à nous — que parce qu'elles sont automatiques et tiennent souvent du réflexe, pour ne pas dire du conditionnement. La réaction qu'elles suscitent est aussi instinctive, donc non raisonnée, ce qui ne veut pas dire qu'elle ne soit pas aussi rationnelle à l'occasion. Mais la superstition et la réaction qui en découle nous renvoient à une époque antérieure, où la connaissance était transmise de façon orale ou gestuelle dans la majorité des cas. Déterminer l'époque d'origine d'une superstition est d'ailleurs souvent difficile, car plusieurs ont été remises au goût du jour maintes et maintes fois.

Il est bon de prendre conscience que ce que nous nommons un peu péjorativement *superstition*, *coutume* et *croyance* étaient à une certaine époque les connaissances courantes partagées par tous. Nous savons tous que la terre est ronde et nous pouvons aujourd'hui le voir, mais il n'en fut pas toujours ainsi; pendant de nombreux siècles, on a cru que la terre était plate. On peut aussi longuement palabrer et discuter du mérite fondamental de ces connaissances, de leur véracité et de leur utilité, mais cela ne donnerait strictement rien car, il faut bien l'admettre, le savoir populaire, tout simplement, est.

Les civilisations les plus florissantes, les religions les plus agressives ont récupéré ces phrases, ces dictons, ces festivals, ces croyances et ces maximes pour les adapter à leurs besoins spécifiques. Il suffit de penser aux fêtes religieuses chrétiennes dont les dates sont pratiquement les mêmes que celles des festivals païens qu'elles ont remplacés. Mais oui: pourquoi se creuser la tête alors que les gens ont l'habitude de fêter à cette période de l'année? Pourquoi créer un mythe de toute pièce lorsqu'on peut se servir d'une histoire connue et la transformer un peu pour qu'elle renforce notre autorité? Ce point fut très vite compris par les empires dont on se souvient encore.

Prenons Rome, par exemple. L'Empire romain n'empêchait pas le culte des autres dieux, mais il demandait plutôt aux gens d'installer à leurs côtés les déités romaines. Peu de temps après, les dieux romains supplantaient le culte des dieux locaux; les Romains ayant du succès, leurs dieux étaient perçus comme étant plus forts. Parfois, un nouveau dieu ou une nouvelle déesse s'ajoutait au panthéon romain. Après tout, les Romains devaient leurs déités aux Grecs dont ils avaient aussi appris la philosophie et les arts. Rome régnait en assimilant. La *Pax romana* était célèbre et très recherchée.

Le christianisme a suivi exactement la même route, avec cependant moins de tolérance et une agressivité légendaire. Il faut également remarquer que le christianisme n'est devenu puissant qu'en s'alliant avec Rome et qu'en adaptant les méthodes d'intégration romaine pour ses propres fins. Le concept de la guerre sainte, de se battre pour la gloire de Dieu, date d'ailleurs de cette association historique, vers l'an 500 de notre ère.

CHAPITRE 2

BEAU TEMPS ET TEMPÊTES

S'il est un domaine où l'on continue à réciter des phrases sans savoir ce qu'elles veulent dire vraiment, c'est bien celui de la météo. De l'épaisseur des pelures d'oignons jusqu'aux habitudes des araignées et d'autres créatures, on ne s'y retrouve que difficilement; tout dépend du pays d'origine et de la culture en place. Par contre, même si les raisons premières qui motivaient ces indications ont très peu de rapport avec la science moderne, il arrive quelquefois (et même souvent!) que le signe avant-coureur prédise de fait, avec exactitude, l'arrivée d'une tempête ou d'une journée ensoleillée.

Comme nous l'avons souligné précédemment, même si les connaissances qui justifient ces prédictions sont perdues ou inexistantes au sens strict du terme, cela n'empêche nullement la justesse de ces prédictions. Certaines sont toutefois un peu «dépassées» dans nos environnements urbains mais, étrangement, cela ne change rien au fait qu'on continue à les répéter inlassablement. L'origine agraire de ces commentaires se perd dans la nuit des temps et les explications qui les accompagnaient aussi, mais la superstition demeure et nous étonne parfois de sa justesse...

Des superstitions pour tous les temps

A b c de la météo

- Lorsque les araignées s'activent, c'est signe de temps chaud.
- Si les oiseaux se nourrissent en très grand nombre au cours de la journée, c'est qu'il y aura de la pluie.
- Un vent de l'ouest et des nuages hauts et cotonneux annoncent du beau temps.

- Lorsque des nuages se croisent dans le ciel, en provenance de directions différentes, on peut s'attendre à un changement dans l'orientation des vents.

- Une rosée abondante le matin indique une journée chaude et sèche.

- Du brouillard le matin annonce une journée chaude et plaisante.

- Le sel qui prend en pain dans la salière est signe de pluie.

- Un arc-en-ciel autour de la lune présage du mauvais temps : une tornade ou un ouragan.

- Il est de coutume au 1er mars, en Grèce, que les enfants se promènent dans les rues avec l'effigie d'un oiseau afin de saluer l'arrivée des hirondelles, signe de printemps.

- Selon la tradition grecque, le seul moyen de se garantir des feux de Saint-Elme est de tirer sur la queue d'un porc.

- La coutume qui veut qu'une femme bien née ne siffle pas provient du Moyen Âge, où l'on croyait que les sorcières appelaient une tempête en sifflant.

- Tant en Europe qu'en Amérique coloniale, on pendait du gui dans les étables afin de protéger les animaux et le bâtiment.

- Saviez-vous qu'une lame d'épée ou de couteau peut être plantée dans le sol de votre propriété pour séparer une tempête en deux et la faire passer à côté de votre maison?

- Dans les Appalaches, les gens portent sur eux un morceau d'un arbre qui a été frappé par la foudre afin de se protéger de celle-ci, selon l'adage: «*La foudre ne tombe pas deux fois au même endroit.*»

- Pour vous protéger des effets d'une tempête lorsqu'elle vous surprend à l'extérieur, frappez deux pierres l'une contre l'autre, une blanche et une noire, jusqu'à ce que vous soyez arrivé à bon port.

- Pour protéger votre demeure contre les effets dévastateurs d'un cyclone, dessinez de grands «X» sur vos fenêtres.

- Lancez du sel dans un feu qui frétille pour vous protéger des tempêtes.

- Si une grenouille chante très fort, c'est signe de pluie.

- Une pleine lune rouge annonce de grands vents.

- Un soleil pâle se montre avant la pluie.

- Un grand nombre d'étoiles filantes en août indique un automne pluvieux.

- Des nuages convergents les uns vers les autres présagent du tonnerre et des éclairs.

- Une abondance de toiles d'araignées fraîches indique plusieurs jours de beau temps.

- Un concert de crapauds et de grenouilles indique l'arrivée de la pluie.

Arc-en-ciel

À mi-chemin entre la terre et le ciel, ce pont aux sept couleurs ne laisse pas toujours présager le bonheur.

- En Grèce antique, l'apparition d'un arc-en-ciel présageait la guerre.

- En ex-Yougoslavie, celui qui traversait l'extrémité d'un arc-en-ciel changeait de sexe, croyait-on!

- Un objet qu'on arrive à lancer à travers un arc-en-ciel se changera en or.

- En Scandinavie, l'arc-en-ciel est un chemin vers Dieu, particulièrement pour les enfants; mais on dit aussi que l'apparition de ce phénomène présage souvent la mort d'un enfant.

Comète

- Les comètes sont le plus souvent annonciatrices d'événements désastreux, de catastrophes effroyables.

- Le christianisme déclarait que Dieu allumait les hommes pour les prévenir de se tenir dans le droit chemin.

- Au Moyen Âge, elles annonçaient la peste et les grandes épidémies.

- Les comètes sont réputées tuer les gens mous et... luxurieux.

Éclair

- En opposition à la foudre, voir un éclair est réputé porter chance. La chrétienté fut d'ailleurs à l'origine de cette légende selon laquelle le Diable créa le tonnerre pour détruire la terre et que la Vierge Marie créa aussitôt l'éclair pour prévenir les hommes de sa venue, leur permettant de s'éloigner et de conjurer le sort.

- Un jeune enfant exposé à l'éclair risque d'attraper la gale.

- Regarder les éclairs peut rendre fou.

Foudre

D'une façon ou d'une autre, les hommes ont toujours tenté de se préserver de la foudre.

- Dans les religions préchrétiennes, la foudre était l'expression de la colère des dieux.

- Les chrétiens la voyaient comme une création du Diable.

- Deux des plus grandes superstitions (fausses) sont que la foudre ne tombe jamais deux fois au même endroit et qu'elle ne tombe jamais sur une personne endormie.

- Mais est-ce que celle-ci est vraie: l'eau bénite, les cierges et les rameaux bénis éloignent la foudre?

Grêle

Dangereuse pour les cultures, elle est toujours malvenue et on cherche à l'éloigner.

- Une jeune fille vierge est réputée capable de l'arrêter si elle place trois grêlons sur son sein droit.

- Placer un instrument coupant dans le sol, la pointe vers le ciel, est réputé tourner la grêle en pluie.

- Dans le midi de la France, on se protège de la grêle en plaçant une tortue sur son dos.

- Dans le Jura, il faut que le curé lance une de ses chaussures dans les airs lorsqu'il grêle.

Lune

Cet astre est l'objet d'une myriade de superstitions, de croyances, de dictons et... de conjurations. Voici les superstitions qui sont les plus anciennes et les plus connues concernant les dix jours qui suivent la nouvelle lune.

- Le **premier jour** est le meilleur pour se lancer dans une nouvelle affaire, un nouveau projet. Un enfant qui naît ce jour-là connaîtra une vie pleine et heureuse. Si vous tombez malade en cette journée, votre mal durera tout le cycle.

- Le **deuxième jour** est défavorable aux transactions financières et aux voyages en mer.

- Le **troisième jour** est très néfaste, aussi bien pour les naissances que pour les criminels qui... risquent de se faire prendre.

- Le **quatrième jour** est particulièrement favorable pour la mise en chantier d'un bâtiment. Quant à l'enfant qui naît en ce jour, on dit qu'il pourra faire carrière en politique.

- Le **cinquième jour** est propice à la conception d'un enfant, car la grossesse sera plus facile pour la mère.

- Le **sixième jour** est excellent pour la chasse et la pêche!

- Le **septième jour** est propice aux rencontres, et il est fort possible que des amoureux qui se rencontrent en ce jour créent une relation durable.

- Le **huitième jour** est néfaste si vous tombez malade, car vous pourriez en mourir.

- Au **neuvième jour**, il faut faire attention de ne pas s'exposer à la lumière de la lune, car elle vous enlaidirait.

- Au **dixième jour**, une naissance n'augure rien de bon pour le nouveau-né, qui ne trouvera jamais la paix de l'âme...

Neige

Les contrées du nord reçoivent de la neige tous les ans; prédire son arrivée et son départ, le nombre de centimètres qui tomberont fait l'objet de nombreuses superstitions et croyances. Mais la neige agit aussi sur nous, semble-t-il:

- Pour faire fondre les mésententes, ramassez de la neige qui tombe doucement, écrivez le nom de la personne qui vous en veut et laissez la neige tomber dessus. À mesure que la neige fondra, l'animosité de cette personne s'effacera.

- Si l'on veut bannir quelque chose ou quelqu'un, il suffit de ramasser de la neige au cours d'une tempête ou d'un blizzard et de procéder comme ci-dessus.

- Remplissez une bouteille de neige et placez-y un vœu que vous aurez écrit sur un bout de papier. Lorsque la neige fondra, votre désir se réalisera.

Pluie

Tantôt féconde, tantôt catastrophique, la pluie et ses superstitions pourraient remplir tout un ouvrage.

- Au cours de l'Antiquité, la pluie représentait les pleurs des dieux et pouvait même exprimer leur colère sous forme de grêle.

- Les signes avant-coureurs de pluie sont innombrables : un chat qui passe sa patte derrière son oreille en se lavant ; la tartine qui tombe sur le côté de la confiture ; les rhumatismes qui se manifestent ; les épis de blé qui courbent dans le vent ; le pain qui ramollit ; le lard qui ruisselle, voilà autant de présages de pluie prochaine.

- Mais on veut aussi parfois l'attirer ; il suffit alors, dit-on, de tremper son balai dans l'eau ; de noyer une relique sainte dans un cours d'eau ou de faire brûler des fougères. Chanter faux est aussi un bon moyen d'appeler la pluie.

- L'eau de pluie est réputée guérir les maux d'yeux. L'argent que l'on lave dans l'eau de pluie ne sera jamais volé. Les pluies de crapauds ou d'autres animaux annoncent toujours des catastrophes effroyables : incendies, invasions, guerres ou inondations.

- Quant à la pluie qui se met à tomber lors d'un enterrement, elle annonce que l'âme du trépassé a atteint le paradis.

Rosée

Un nombre incalculable de superstitions sont liées à cette eau qui se forme à partir de la condensation de la nuit. Pour plusieurs, il s'agit de l'essence même de l'eau.

- La rosée, principalement celle du mois de mai, est réputée guérir de la laideur, effacer les taches de rousseur, etc.

- La rosée cueillie sur les feuilles de l'aubépine est particulièrement bonne pour s'assurer de la beauté.

- Pour attirer la chance, il faut se laver les mains avec la rosée du matin.

- Pour guérir du vertige, il suffit d'en inhaler quelques gouttes.
- Dans l'île de Mans, les femmes se lavent la figure avec la rosée du 1er mai pour se protéger des attaques surnaturelles.

Tempête

- La tempête menace particulièrement les gens en mer qui voient souvent en elle la colère de Neptune (aussi appelé Poséidon), le dieu des mers. La façon de l'amadouer est de lui offrir des sacrifices. On trouve un vestige de ce rituel dans le baptême d'un navire où l'on casse une bouteille de champagne sur la coque.
- La légende veut qu'une tempête souffle en mer lorsqu'un marin se marie ou à la mort d'un grand criminel.
- On peut savoir qu'une tempête s'en vient lorsque les mouettes volent à l'intérieur des terres...

Tonnerre

Entendu dans le lointain, le tonnerre est de bon augure lorsqu'on part en voyage. Par contre, il possède une signification particulière selon la journée de la semaine.

- Le **dimanche**, il annonce la mort d'un homme important ou d'un curé.
- Le **lundi**, il annonce la mort d'une femme.
- Le tonnerre du **mardi** présage une bonne récolte, alors que celui du **mercredi** annonce la mort d'une femme de mauvaise vie.
- Le **jeudi**, il devient un signe d'abondance.
- Le **vendredi**, il annonce la guerre.
- Le tonnerre du **samedi** prédit la sécheresse ou l'épidémie.

    Mais le tonnerre est aussi associé de près aux mois de l'année.

- Orage en **janvier**, désole le fermier. Quand il tonne en janvier, il tonne tous les mois de l'année.
- Pour les vignerons: s'il tonne en **février**, mets tes tonneaux au grenier. Par contre, il est apprécié des cultivateurs, car tonnerre de février emplit le grenier.
- Dans le Nord et l'Est de l'Europe, le tonnerre en **mars** prédit une maigre récolte.

- En **avril**, on l'accueille favorablement: «*Tonnerre en avril, ouvre ton baril.*»

- **Mai** est aussi favorable: quand il tonne en mai, espérance au grenier.

- En **juin**, on espère que les orages seront moins nombreux: s'il tonne au mois de juin, année de paille, année de foin. Par contre: s'il tonne fin juin, il n'y aura pas de vin.

- **Juillet** annonce le reste de l'année; de juillet chaud vient un automne pendant lequel souvent il tonne.

- Pour ce qui est du mois d'**août**, l'orage est généralement bienvenu s'il n'amène ni grande pluie ni grêle: s'il tonne en août, grande prospérité partout, mais maladie beaucoup.

- S'il tonne en **septembre**, à Noël la neige sera haute.

- En **octobre**, le tonnerre annonce des vendanges prospères.

- Le tonnerre de **novembre** annonce un hiver très doux.

- Du tonnerre en **décembre** signifie très peu d'hiver.

- Il est recommandé de tirer une balle bénite dans le ciel pour tuer le sorcier qui cause le tonnerre!

Vent

Le vent est souvent considéré comme le souffle de Dieu, tour à tour petite brise ou tempête.

- Trois nœuds magiques peuvent diriger les vents: le premier installe une brise légère lorsqu'on le dénoue, le deuxième déclenche des vents plus forts, alors que le troisième déchaîne une véritable tempête.

- Une autre tradition veut que le marin qui noue trois nœuds dans son mouchoir contrôle le vent: au dénouement du premier, le vent prend de la vigueur; le deuxième nœud calme la tempête; et le troisième amène un calme plat.

- Un navire qui transporte des œufs ou un cadavre ne connaîtra que des vents contraires.

- Pisser contre le vent, c'est provoquer le Diable.

CHAPITRE 3

ARBRES, FLEURS ET PLANTES

L es plantes sont partout autour de nous. Pour nos ancêtres, elles jouaient vraiment un rôle de premier plan puisqu'ils devaient se servir de ce qu'ils avaient sous la main pour se loger et se nourrir. Naturellement, les croyances, les superstitions et les dictons les entourant étaient nombreux et... le sont encore tout autant de nos jours.

Dieu ou Diable?

Il existe une grande dualité entre les plantes et les arbres créés par Dieu et ceux qui, croyait-on, seraient issus du Diable:

- **Dieu créa**: l'avoine, la carotte, le chou, le froment, le seigle et le trèfle.

- **Le Diable rétorqua par**: le carex, le chardon, la ciguë, la cuscute, l'ivraie et le sarrasin.

- **Parmi les arbres qui sont l'œuvre de Dieu, on compte**: le châtaignier, le chêne, le genêt, le poirier, le pommier, le rosier et la vigne.

- **Les plantes suivantes seraient l'œuvre du Diable**: l'ajonc, l'églantier, l'épine, le marronnier, la ronce, le rosier du diable.

Divins, ces pouvoirs?

- Les feuilles de frêne sont considérées comme chanceuses; on les utilise aussi dans les oreillers pour stimuler les rêves prémonitoires.

- Un laurier planté près de la maison la protège de la foudre. La raison est très simple, cette plante était sacrée pour Thor, le dieu scandinave de la foudre.

- Un buisson de myrte assurait une vie calme et sereine aux habitants de la demeure près de laquelle il était planté.

- Sous l'empire de Babylone, on croyait qu'un cèdre spécial avait pour fruits des pierres précieuses.

- Les branches de noisetier et de coudrier étaient utilisées pour fabriquer les baguettes qui servaient à trouver les sources et les puits d'eau.

- Le jus extrait de noyaux de pêches bouillies était souvent frotté sur la tête de personnes souffrant de calvitie. Mais le jus d'oignon était aussi utilisé...

Forêt et compagnie

La forêt fut – et est toujours – un endroit un peu mystérieux qui se prête bien aux superstitions de toutes sortes. Les dieux qui y résident ainsi que les esprits familiers, les elfes, les gnomes, les fées, ne sont pas d'une nature égale; ils sont tour à tour gentils ou malicieux sans que l'on sache vraiment pourquoi. Mais ces créatures sont reconnues pour être les gardiennes des arbres et de la nature en général, et il convient donc de les amadouer. Voici quelques façons de le faire:

- Ne jamais siffler en forêt et encore moins crier, car cela dérange les esprits et ils pourraient se venger si vous troublez ainsi leur sérénité.

- Afin de ne jamais vous perdre en forêt, assoyez-vous sous un arbre, enlevez vos vêtements et remettez-les sens devant derrière. Continuez votre chemin en partant du pied gauche et vous ne vous perdrez jamais.

- Le meilleur temps pour rencontrer les esprits des bois est au solstice d'été, soit aux alentours du 21 juin.

- Si vous êtes victime de vol, cueillez des fleurs de tournesol sauvage au cours du mois d'août et placez-les sous votre oreiller; vous rêverez à la personne qui vous a volé et vous pourrez récupérer votre bien.

- Pour éloigner les serpents d'une demeure, il faut planter des fraisiers sauvages sur sa propriété.

- Si vous voulez attirer la chance de façon phénoménale, le premier mardi suivant la nouvelle lune, cherchez un trèfle à quatre ou à cinq feuilles.

- Pour vous garantir contre vos ennemis, inscrivez votre nom à l'encre rouge sur une feuille de verveine. Gardez cette feuille avec vous pour votre protection.

- Pour connaître la réponse à une question, prenez deux glands; nommez l'un «oui» et l'autre «non», et placez-les dans un bol d'eau. Celui qui remonte est votre réponse.

- Avant la bataille, les anciens Pictes (Peuple de l'Écosse ancienne) se frottaient le corps d'ail des bois ou de poireaux sauvages afin de s'assurer la victoire contre leurs ennemis.

- Pour vous empêcher de devenir malade, cueillez la première anémone du printemps et conservez-la sur vous.

- Pour éloigner le mal de votre demeure, placez des branches de rosiers épineux au-dessus de votre porte d'entrée.

- Pour éloigner les cauchemars, mâchez quelques brins de thym sauvage avant de vous retirer pour la nuit.

- Les piquants, dont il est si difficile de se débarrasser, sont excellents pour améliorer votre mémoire; placez-en quelques-uns dans un petit sac et portez-le sur vous.

- Pour attirer encore plus d'argent vers vous, gardez quelques pièces de monnaie dans une petite boîte avec des copeaux de cèdre.

- En Bretagne, il est recommandé d'offrir du pain et du sel à un pied de menthe lorsqu'un enfant est malade.

- Des feuilles de noyer cueillies au cours de la nuit de la Saint-Jean protègent de la foudre pour un an.

- Si de l'ortie pousse sur la tombe d'un mort, cela indique que son âme est damnée. Par contre, conserver de l'ortie sur soi protège des sortilèges.

- Une fille qui remue des feuilles de salade doit faire attention pour ne pas en renverser. Autant de feuilles sur la table... autant d'années d'attente pour se marier.

- Pour guérir d'une entorse, portez deux roseaux entrelacés autour du cou.

- Il ne faut pas porter d'œillet le mardi, au risque de faire de mauvaises affaires.

- Si l'on se marie au cours d'une année où il y a beaucoup de noisettes, on aura beaucoup d'enfants.

- Une mixture composée de noix brûlées, mêlées à du vin et à de l'huile prévient la perte des cheveux.

- En Afrique du Nord, un noyau de datte porté sur soi éloigne le mauvais sort.

Langage secret des fleurs et des plantes

Même si cela ne relève pas directement des superstitions et des présages, le langage secret des fleurs et des plantes a originalement été élaboré au Moyen Âge où offrir et recevoir des fleurs correspondaient à un message précis qui protégeait à la fois l'expéditeur et le destinataire. À cette époque, on composait littéralement des bouquets pour livrer des messages assez élaborés.

Après s'être estompée, cette pratique revint dans les mœurs, plus tard, à l'ère victorienne; les jeunes femmes s'en servaient alors pour faire connaître leurs amours et leurs passions, sans pour autant risquer de se faire surprendre à enfreindre la morale de l'époque.

Jetons un coup d'œil aux significations prêtées aux différentes fleurs, herbes et plantes, et ajoutons quelques superstitions rattachées à certaines.

Acacia

- Si une jeune fille ou une femme donne un acacia à un homme, cela signifie qu'elle a des sentiments pour lui...

Ail

- Mangé au mois d'avril, l'ail garantit force, courage et succès; mangé au cours de la nuit de la Saint-Jean, il éloigne la pauvreté.

- L'e berceau d'un enfant éloigne les influences néfastes.

Amandier

- La signification courante de l'amandier est l'espoir.

- Ses fleurs étaient aussi couramment utilisées pour prévenir d'un danger, car elles incitaient à la méfiance et à la surveillance.

Aubépine

- L'aubépine est réputée guérir de la fièvre.
- Quiconque en dépose une branche devant un calvaire s'assure de la chance au jeu.

Basilic

- Recevoir cette plante dans un bouquet n'était pas une bonne nouvelle.
- Porté sur la poitrine, le basilic attestait de la virginité d'une jeune fille, car le manque de chasteté était reconnu faire noircir la plante instantanément.

Bouleau

- Le bouleau est réputé pour apporter joie et bonheur aux jeunes époux qui sont accompagnés de torches fabriquées avec ce bois.
- Des feuilles ou de l'écorce de bouleau signifient que l'on considère la personne comme gracieuse.

Bouton d'or

- Cette fleur signifie un cadeau à venir.

Bruyère

- La bruyère appelle une période de solitude, de retrait.

Camomille

- Cette plante indique de l'énergie, de l'enthousiasme pour un projet ou une personne.

Cèdre

- Des branches de cèdre indiquent de la force.

Cerisier

- Si l'on fait manger le premier fruit de la saison par une femme qui a accouché récemment, le cerisier donnera beaucoup de fruits...

Chêne

- Saint Louis tenait sa cour de justice sous les branches d'un chêne. Une façon de reconnaître l'innocence était de placer les deux personnes sous le chêne et la première d'entre elles à se faire toucher par une feuille était présumée innocente.
- Pendant longtemps, couper une branche de cet arbre appelait la malédiction sur toute sa famille.
- Les feuilles de chêne indiquent la bienvenue, l'hospitalité.

Chèvrefeuille

- Le chèvrefeuille indique la fidélité.

Épinette

- L'épinette est signe de confiance et d'estime.

Fenouil

- Cette plante marque la force ou une situation difficile où l'on devra utiliser de la force.

Feuilles de tremble

- Elles indiquent la crainte; elles incitent à se prévenir contre les dangers.

Figuier

Les opinions diffèrent quant à cet arbre.

- Il est vénéré en Grèce et en Palestine, alors que les Romains l'avaient en horreur, tellement que si l'un de ces arbres poussait près d'un temple, celui-ci était aussitôt détruit.
- Le figuier est aussi renommé pour calmer toute bête qu'on y attache.
- Il est recommandé qu'une jeune fille qui veut se marier dans l'année ne passe pas entre deux figuiers.

Frêne

- Cet arbre est reconnu pour sa faculté d'éloigner les serpents.
- Un frêne qui ne porte pas de fruits annonce la mort du chef de famille.

Géranium

- Des fleurs de géranium rappellent des souvenirs, renvoient à des événements passés.

Gui

- Le gui indique des barrières à franchir, des obstacles à surmonter.

Houx

- Le houx est le symbole des vœux.

Iris

- Cette fleur évoque un message d'espoir.
- Elle marque la conclusion d'une transaction.
- Donner un iris, c'est avouer de doux sentiments.

Jasmin

- Voilà une invitation à une nuit d'amour!
- Par contre, il ne faut pas qu'un jeune marié offre du jasmin à sa nouvelle épouse, car elle mourrait dans l'année.

Laurier

- Suspendue aux chambranles des portes, cette plante éloigne la maladie.
- Mâchées, ses feuilles confèrent le talent de double vue.
- Des feuilles de laurier indiquent un changement; les autres plantes ou fleurs qui l'accompagnent indiquent de quel genre de changement il s'agit.

Lavande

- La lavande annonce que l'on est prêt à répondre à des questions auxquelles on avait refusé de répondre auparavant.

Lierre

- Des feuilles de lierre indiquent l'envie d'une amitié.

Lilas

- Lorsqu'il est offert, le lilas indique un amour chaste s'il est blanc, une proposition de mariage s'il est mauve ou violet.

Lys

- Abîmer un lys porte malheur, surtout pour un homme.
- Symbole universel de pureté, il signifie un amour chaste et noble.

Mousse

- La mousse signifie que l'on est prêt à avoir des enfants.

Œillet

- L'œillet signale notre admiration pour une personne.

Pavot

- Les pavots invitent à passer une nuit ensemble, mais... pour dormir!

Pensée

- Les pensées indiquent l'état d'esprit de la personne ou qu'une personne pense à vous.

Persil

- En France, on croit qu'une femme enceinte empêche le persil de croître. Cette superstition est probablement issue des propriétés abortives qu'on attribuait au persil.

Pissenlit

- Cette fleur signifie la clairvoyance, les prémonitions.

Pivoine

- En Arménie, on affirme que si une fille mange trois graines de pivoine chaque jour, pendant douze jours, elle aura les joues aussi roses que la fleur!

Pommier

- Si l'on veut qu'il garde sa vigueur, il faut l'arroser de cidre une fois l'an.
- Il n'est pas recommandé, pour un jeune homme, d'offrir une pomme à sa bien-aimée, car elle risquerait d'aller la croquer avec un autre...

Primevère

- Les sentiments de la personne restent constants.

Rose

- Qui mange des pétales de rose embellit.
- Lorsqu'on les fait claquer entre ses doigts, plus le bruit est fort et plus on est aimé.
- Si une rose perd tous ses pétales lorsqu'on la tient à la main, c'est un présage de mort.

Rose blanche

- Une rose de cette couleur signifie un amour pur et dévoué.

Rose jaune

- La rose jaune indique un fort sentiment d'amitié, une amitié profonde et durable.

Rose rose

- La rose rose symbolise les sentiments tendres.

Rose rouge

- D'un homme à une femme, elle indique l'amour.
- Lorsqu'une femme donnait une seule rose rouge à un homme, il s'agissait d'une réponse à ses avances.
- Pour aider à concevoir un enfant, il est bon de porter une rose rouge dans un sachet autour du cou.

Sapin

- Quand on le décore pour Noël, on doit le brûler à la douzième journée suivant la fête pour éviter le deuil au cours de l'année.
- Cet arbre indique une période de temps: le nombre de branches et le sujet aident à déterminer s'il s'agit de jours, d'heures ou de minutes.

Saule

- Le saule pleureur, particulièrement, est le symbole de l'affliction et du chagrin. Pour se garantir de tels événements, il faut toujours garder sur soi un morceau de son écorce.
- Celui qui trahit un secret devant cet arbre l'entendra répéter de nouveau peu après.

Souci

- Des fleurs de souci indiquent des ennuis ou du chagrin.

Tabac

- En Bretagne, on croit que fumer du tabac le jour de ses noces annonce un mariage stérile.

Trèfle (fleurs de)

- Rouge: fertilité, annonce d'une grossesse.
- Blanc: de la chance ou souhait de bonne chance pour une entreprise.

Violette

- Manger la première violette de la saison éloigne la fièvre pour un an.
- Cette fleur est le symbole des secrets et, dans certains cas, d'une possibilité de trahison.

CHAPITRE 4

ANIMAUX, INSECTES ET OISEAUX

L es animaux sont une source inépuisable de superstitions, et ce, dans tous les pays du monde. Leur rencontre, leur absence, leur arrivée indiquent toute une variété de présages, de mises en garde et de prédictions dont les origines sont plus ou moins nébuleuses.

Dieu ou Diable ?

Pour vous donner une idée de l'importance que prenaient certaines superstitions au Moyen Âge, voici une liste compilée en 1350, où les animaux sont divisés en deux catégories, ceux créés par Dieu et ceux qui sont les œuvres du Diable :

- **Œuvres de Dieu** : l'aigle, l'alouette, le grondin, l'hirondelle, la langouste, le maquereau, le merle, la morue, le pinson, la plie, le rossignol, la sole, la tourterelle.

- **Œuvres du Diable** : l'araignée de mer, le chat-huant, la chauve-souris, le chien de mer, le crapaud de mer, l'épervier, le geai, la grive, le moineau et la raie.

Animaux

Âne

Symbole de l'ignorance et de la pauvreté – qui ne se souvient pas de l'image du bonnet d'âne et du conte *Peau d'Âne* ? –, cet animal est aussi reconnu pour son entêtement.

- Le diable ne peut monter à dos d'âne ni en prendre la forme, car celui-ci porte une croix dessinée sur son dos depuis la nuit de Noël.

- L'âne se cache pour mourir; voir son cadavre est donc un bon présage.

- Le poumon de l'âne est réputé guérir du venin des serpents.

- Le mulet, produit du croisement d'un âne et d'une jument, est un animal stérile; l'homme qui le monte à cru se trouvera affecté de stérilité.

Chat

Il n'existe sans doute pas d'animal entouré de plus de superstitions que le chat. Tour à tour déifié et détesté, il circule parmi le monde une multitude de superstitions à son sujet. En voici quelques-unes :

- Enfermer un chat dans une armoire est signe de mésentente prochaine dans la famille.

- Un chat qui s'assied dos au feu présage un orage soudain.

- En Asie, on dit que le chat était le seul animal non présent à la mort du Bouddha; il chassait une souris.

- Un chat errant qui s'installe chez vous apporte la chance.

- Les chats sont les amis des marins (probablement parce qu'ils mangent les rats, une cause d'épidémies sur les navires).

- Si vous traversez la route tout de suite après un chat noir, un de vos vœux se réalisera.

- Voir la figure d'un chat noir présage de la chance; voir son postérieur présage de la malchance.

- Si un chat quitte votre demeure, cela présage un grave malheur prochain.

- Si votre chat éternue une fois, c'est le bonheur; trois fois, c'est un rhume!

- Marcher sur sa queue empêche une fille de se marier dans l'année.

- Aucun chat acheté ne sera bon à chasser les souris...

Cheval

Bien peu d'animaux ont joué le rôle prépondérant que fut celui du cheval depuis le début des temps. Pendant des millénaires, le cheval était essentiel à tout transport, il n'est donc pas étonnant qu'il fut une figure marquante de la mythologie; les Celtes y consacraient même deux déités. Le rôle du cheval s'est toutefois estompé depuis la naissance de l'automobile et, maintenant, à peu près tout ce qui nous reste est une compilation de croyances, de superstitions, de coutumes et de dictons.

- Si l'on voit quelqu'un monter un cheval noir dans un rêve, cela présage la mort ou une maladie grave.

- Voir un homme vêtu de noir monté sur un cheval blanc est un présage de mort dans la famille immédiate.

- Au Moyen Âge, on croyait que rêver que l'on ne pouvait descendre d'un cheval au galop indiquait que l'on était la victime d'un incube ou d'un succube, esprits maléfiques abusant sexuellement de leur proie. Le cheval était aussi un symbole de puissance sexuelle.

- La coutume veut que pour accroître son endurance sexuelle, il faut prendre trois crins de la queue d'un cheval, ainsi que trois de ses cheveux pour les nouer ensemble avec un fil rouge, puis placer ce talisman dans sa poche droite ou sous son lit.

- Pour augmenter son pouvoir d'attraction sexuelle, il faut tresser, en bague, quelques crins de cheval et porter l'anneau au majeur de sa main droite.

- Pour accroître sa fertilité, il faut tresser des crins de la crinière d'un cheval en bracelet pour soi et pour son partenaire.

Chien

Faisant partie de notre quotidien depuis toujours, ces animaux ont des liens tant avec notre monde qu'avec l'au-delà, où ils gardent les portes de l'enfer.

- Pour savoir si un malade vivra, il faut frotter contre sa bouche un morceau de viande que l'on donne au chien; si l'animal mange la viande, c'est que le patient recouvrera la santé, s'il refuse de la manger, c'est la mort annoncée.

- Un chien qui passe entre deux amis risque d'ébranler leur amitié.
- En Normandie, on affirme qu'un chien noir porte malheur; que tous les chiens appartiennent au diable, sauf les chiens de berger.
- En Angleterre, c'est un bon présage de se faire suivre par un chien.

Loup

- Des chaussures en peau de loup protègent des engelures.
- Rêver d'un loup annonce une trahison par un proche.
- En Angleterre, rencontrer un loup le matin provoque une extinction de voix.
- Il ne faut pas prononcer le mot *loup* en décembre; cela saurait l'appeler.

Animaux mythiques

Dragon

Cet animal mythologique conjugue en lui les quatre éléments: il crache le feu, fait sa demeure dans le cœur des montagnes, il peut survivre sous l'eau et il peut aussi voler dans le ciel.

- Lorsqu'on sème ses dents, il en naît des guerriers tout armés.

Licorne

Ce cheval à la corne torsadée est le symbole de la pureté, car seule une personne vierge peut l'approcher.

- Sa corne est réputée pour détecter les poisons.

Sirène

Mi-femme, mi-poisson, cette créature attire les marins à leur perte en chantant doucement le long des rochers de la côte.

Bétail

Le bétail devait être protégé contre tout danger, car il représentait la survie de la famille, de la communauté.

- Lorsqu'on veut vendre son bétail, il faut prélever des touffes de poils de chaque animal afin de s'assurer de la meilleure transaction possible. En Irlande, on ajoute que si l'on rencontre une femme avant de rencontrer un homme sur son chemin, l'affaire ne sera pas très bonne.

- Lorsqu'on achète une bête, il vaut mieux faire bénir tout le troupeau pour être plus sûr.

- En Écosse, on rasait le derrière des oreilles des vaches et la racine de leur queue afin d'empêcher les sorcières de voler leur lait.

- Un bouc noir dans une écurie protège les chevaux des maladies.

- Un cochon qui court avec de la paille dans la gueule annonce la pluie.

Insectes

Abeille

L'abeille a toujours joué un rôle important dans la vie des hommes. Hautement favorisée durant l'Antiquité, elle est devenue le symbole de la vertu et de la chasteté pour les chrétiens. Voici quelques superstitions à son sujet:

- Une jeune vierge peut sans danger traverser un essaim, mais pas une femme de mauvaise vie.

- Déménager les ruches un vendredi les tue.

- Les abeilles qui essaiment sur un arbre mort annoncent une mort dans la famille.

Araignée

- Tout le monde connaît le dicton: «*Araignée du matin, chagrin. Araignée du midi, profit. Araignée du soir, espoir.*» Par contre, le chagrin comme le profit annoncés dépendent de la taille de la bestiole.

- Si vous devez l'écraser, assurez-vous de le faire du pied droit, mais jamais le matin, car cela porte malheur!

- Trouver une araignée dans ses vêtements avant de s'habiller annonce une rentrée d'argent.

- En Écosse, une araignée qui descend sur son fil présage une fortune pour la personne en dessous.

- Il ne faut pas enlever les toiles d'araignées des écuries et des étables, car elles protègent les animaux.
- Ces mêmes toiles étaient réputées arrêter les hémorragies.

Chenille

Le folklore est plein de façons superstitieuses de s'en débarrasser.

- Une femme qui a ses règles est réputée faire mourir les chenilles.
- Dans le Yorkshire, en Angleterre, jeter une chenille poilue par-dessus son épaule gauche porte bonheur.
- Écraser une chenille annonce une pluie prochaine.

Coccinelle

- La *bête à bon Dieu*, à Marie et à saint Jean porte chance si elle se pose sur vous – il faut donc éviter de tuer cet insecte béni de Dieu.
- Si la coccinelle se pose sur vous et s'envole aussitôt, c'est signe qu'il fera beau dimanche. Si elle reste sur vous le temps de compter jusqu'à 22, vous serez heureux.

Criquet, coucou, crapaud, ...

- Un criquet qui chante dans votre demeure, ou près d'elle, attire la chance.
- Le vœu que l'on fait en entendant le coucou pour la première fois de l'année est toujours exaucé.
- Si un crapaud croise le chemin de nouveaux mariés, le bonheur de ceux-ci est assuré.
- Pour faire parler une femme endormie, placez une langue de grenouille sur son cœur.
- La visite d'une grenouille chez vous augure de la chance.
- Lorsque le grillon quitte la maison, cela ne présage rien de bon.

Mouche

- La raison pour laquelle la mouche harcelle les gens, c'est qu'elle aurait été excommuniée par saint Bernard.
- Une mouche qui tombe dans un verre dans lequel on s'apprête à boire annonce la prospérité.

Oiseaux

Toutes sortes d'habitudes, de croyances et de superstitions ont pour acteurs les oiseaux. Certaines proviennent des observations des philosophes de l'Antiquité, mais nous avons malheureusement perdu l'origine de bien d'autres. Réconfortons-nous donc en écoutant l'oiseau qui chante à notre fenêtre le matin de notre mariage puisqu'il présage, pour un couple, qu'il ne se querellera jamais!

Alouette

- Porter en secret un œil d'alouette enveloppé de peau de loup rend charmant et irrésistible.
- Apportée au chevet d'un malade, l'alouette détournera la tête si la personne doit mourir ou la fixera si elle doit guérir.

Chauve-souris

- Animal nocturne, à la fois oiseau et mammifère, la chauve-souris est réputée impure dans la chrétienté.
- Dans les Balkans, on l'associe aux vampires, aux morts vivants qui viennent boire le sang des vivants.
- En Inde et partout en Asie, la chauve-souris est au contraire révérée comme un porte-bonheur.
- Si une chauve-souris vole près de vous, cela annonce que l'on tente de vous trahir ou de vous ensorceler.
- Si elle survole votre maison trois fois, elle prédit une calamité; si elle se cogne à la fenêtre d'un malade, celui-ci mourra.
- Une chauve-souris clouée à la porte d'une grange éloigne les sorcières.
- En Inde et en Asie, conserver sur soi un os de chauve-souris porte chance.

Chouette

- Animal sacré durant l'Antiquité, le christianisme en fit un présage de malheur au Moyen Âge, tournant les rituels bénéfiques en conjuration du mauvais sort.
- Lorsqu'on entend son cri, il faut aussitôt jeter du sel sur le feu.

- Son cri à la pleine lune annonce le début de l'agonie d'un malade.
- Si l'on place le cœur d'une chouette sur la poitrine d'un dormeur, il répondra à toutes vos questions en disant la vérité.
- Quand les chouettes chantent, c'est signe de beau temps.
- Au pays de Galles, on dit que lorsqu'une chouette se fait entendre près d'une ou de plusieurs demeures, c'est le signe qu'une jeune fille vient de perdre sa virginité.

Colombe

- Les mineurs de Cornouailles, en Angleterre, ne descendront pas dans la mine si le cri d'une colombe se fait entendre, car ce cri présage un accident.

Coq

- De son cri matinal, le coq conjure les sortilèges de la nuit et invite au travail.
- Son chant chasse aussi les vampires qui doivent alors retourner à leur cercueil.
- La girouette du sommet des clochers est une survivance du sacrifice rituel que l'on faisait d'un coq pour garantir la fondation d'une nouvelle demeure.
- Un chant de coq au crépuscule annonce une mort prochaine.
- Un coq noir chasse les rats du poulailler.
- Si le coq chante à votre porte de derrière, c'est l'annonce d'une visite imprévue dans les prochains jours.
- Au cours du Moyen Âge, on administrait les potions au moment du chant du coq, car les donner aux patients à une autre heure en aurait atténué leur pouvoir curatif.

Corneille et corbeau

- En Irlande, des volées de corneilles et de corbeaux qui ne se posent pas, le soir, sont en fait des âmes du purgatoire, alors qu'en Russie, il s'agit d'un conclave de sorcières.
- En Cornouailles, les corbeaux sont protégés. La légende veut que l'âme du roi Arthur réside encore dans un corbeau.

Cygne

- En Écosse, trois cygnes volant ensemble dans le ciel présagent une catastrophe nationale.

Moineau

- En Allemagne, on croit que les maisons où les moineaux construisent leurs nids sont protégées du feu et des ouragans.

- En Europe centrale, on croit que tuer un moineau ruine le lait et que si vous dérangez son nid, les récoltes en souffriront.

- En Allemagne, une femme qui pile sur des coquilles d'œufs de moineaux deviendra stérile.

Paon

- Dans le monde du théâtre, on croit fermement que les plumes du paon sont malchanceuses sur le plateau; elles ont le mauvais œil et elles attirent les accidents.

Pie

- Cet oiseau possédait des affinités avec la magie préchrétienne et, de ce fait, était considéré comme familier de la sorcière, et donc nuisible par l'Église.

Une rime écossaise en dit:

> One's sorrow, two's mirth.
> Three's a wedding, four's a birth.
> Five's a christening, six a death.
> Seven's heaven, eight is hell,
> And nine's the devil his ain sel.

Traduction:

> Une pour les pleurs, deux pour la joie.
> Trois pour un mariage, quatre pour une naissance.
> Cinq pour un baptême, six pour une mort.
> Sept pour le paradis, huit pour l'enfer.
> Et neuf pour voir le diable lui-même.

- Le dicton «Un oiseau dans la main vaut mieux que deux dans les buissons» nous provient de Plutarque, un philosophe grec.

Aujourd'hui, on dit plutôt «*Un tiens vaut mieux que deux tu l'auras*».

- Lorsque vous partez en voyage, si une volée d'oiseaux est à votre droite, c'est un excellent présage; par contre, si des oiseaux volent à votre gauche, il serait plus prudent de changer la date de votre départ, car cela n'augure rien de bon...

Rossignol

- Il est réputé que manger le cœur du rossignol nous permet de bien chanter. Mais il faut faire attention qu'il n'y ait pas de vent, car cela vous rendrait fou!

CHAPITRE 5

DE LA TÊTE AUX PIEDS

De nombreuses superstitions et croyances sont rattachées au corps humain, à nos habitudes s'y rapportant tout autant qu'à nos organes. Et même si, comme les précédentes, elles datent de plusieurs siècles, nombre d'entre elles attirent toujours notre attention...

Corps

Cheveux et poils

Qu'il pousse sur le corps ou sur la tête, le poil fait partie de l'individu; c'est d'ailleurs la raison pour laquelle il est souvent nécessaire dans la composition des envoûtements et des charmes. Les âmes simples cherchent toutefois à s'en défaire, qu'on pense seulement à la tonsure des moines et à la calvitie complète (voulue) des bonzes bouddhistes.

Comme la chevelure féminine exprime la sexualité des femmes, les cheveux sont tabous dans de nombreuses civilisations, comme l'islam, où seul le regard du mari est autorisé à voir la chevelure de sa femme, et ce, en privé. Chez les hommes, la pilosité est considérée comme un signe de virilité.

On dit également:

* Une poitrine poilue chez un homme indique une puissance sexuelle particulière.
* Des poils sur les bras et le dos des mains indiquent une vitalité heureuse et de la chance en abondance.
* En Inde, on affirme qu'un homme à la poitrine lisse, sans poil, ne peut être qu'un voleur ou un criminel sournois.

51

- Si la chevelure d'un homme pousse sur le front et devant des oreilles, c'est un signe de longue vie; par contre, une femme dont les cheveux poussent bas sur le front sera veuve très tôt.

- La personne qui a des cheveux sur le front et les tempes est réputée avoir une nature grossière et colérique; elle est généralement vaniteuse et luxurieuse. Cela vaut tant pour les hommes que pour les femmes.

- L'homme aux cheveux qui frisent est souvent doté d'une nature artistique.

- Une femme qui a les cheveux raides et s'éveille un bon matin avec deux boucles sur le front apprendra la mort de son mari prochainement.

- Une chevelure raide et fine indique un tempérament timide et pacifique.

- Une chevelure courte, épaisse et drue dénote un caractère intrépide et inquiet.

- Lorsque des cheveux blancs apparaissent tôt, c'est parfois un signe d'inconstance.

- Par ailleurs, il est dit qu'il ne faut pas enlever le cheveu gris ou blanc car, aussitôt, dix nouveaux de la même couleur le remplacent.

- Qui reste sous la pluie la tête découverte ne sera jamais chauve, à condition qu'il ne se coupe pas les cheveux à la lune décroissante.

- La personne qui ne brûle pas aussitôt les cheveux ou les poils coupés perdra à coup sûr sa chevelure.

- Qui se coupe les cheveux un vendredi, ne sera jamais riche; par contre, une coupe de cheveux faite un mardi assure la longévité. Le jeudi est le plus faste, mais le dimanche ou le lundi sont très peu recommandés, car ils attirent la malchance.

- Se couper les cheveux soi-même comporte le risque de devenir néfaste pour son entourage.

- En Italie, il faut mettre une pièce de monnaie dans la main d'un enfant auquel on coupe les cheveux pour la première fois. En Allemagne, on attend une pleine année avant de couper les cheveux d'un enfant.

Cœur

Les Anciens croyaient que le cœur était le centre de l'intelligence et de l'âme. Plus tard, il fut considéré comme le siège des passions et, parfois, des humeurs qui déterminent notre comportement. Bien sûr, c'est aussi le symbole de l'amour et, pour les chrétiens, celui de la charité. Mais...

- Avoir mal au cœur n'est pas vraiment une expression juste, car il s'agit plutôt de l'estomac. Ainsi, on attribuait les nausées d'une femme enceinte aux cheveux du bébé qui lui chatouillaient l'estomac.
- L'ail pendu au cou d'un malade cardiaque aidait à détruire le ver qui lui rongeait le cœur.

Cou

- Aux Pays-Bas, on croit qu'une douleur au cou présage qu'on finira pendu.
- Une tête portée haute sur un cou effilé est un signe d'orgueil et de vanité.
- Un cou épais et court est signe de prudence et de discrétion, mais aussi d'avarice, de colère et d'autorité dictatoriale.
- Pour guérir un torticolis, il faut envelopper son cou dans un bas de laine qui n'a pas été lavé. Un autre remède consiste à frictionner le cou avec de l'huile d'olive.

Coudes

- Se frapper le coude contre le cadre d'une porte annonce de la visite fâcheuse.
- Pour conjurer la malchance lorsqu'on se cogne un coude, il faut frapper l'autre coude aussi fort et très rapidement.
- Une démangeaison au coude annonce que vous dormirez dans un lit étranger... peut-être en bonne compagnie!
- Pour se venger d'un ennemi, il suffit de se mordre le coude; l'ennemi tombera aussitôt foudroyé.

Dents

- Un enfant qui vient au monde avec une dent en haut mourra jeune.

- Si le bébé perce ses dents très tôt, cela indique que sa mère concevra bientôt. Le nombre de dents que ce bébé aura à son premier anniversaire donnera le nombre de ses frères et sœurs à venir.

- Rêver que l'on perd une dent indique une mort prochaine.

- Pour se protéger des maux de dents, on conseille une amulette contenant les pattes arrière d'une taupe ainsi qu'une noix.

- La dent d'un mort est aussi un excellent moyen de prévention contre le mal de dents.

- Pour éviter de perdre ses dents, on conseille de mâcher de l'ail le matin du 1er mai, avant le lever du soleil.

- On est assuré d'avoir mal aux dents si l'on mange quelque chose au moment où l'on sonne les cloches pour un enterrement.

Lèvres

La forme des lèvres annonce la nature de la personne.

- La lèvre supérieure courbée est signe de colère et d'orgueil; arrondie, elle est signe de bonté; affinée, elle dénote un attrait pour les plaisirs intellectuels.

- La lèvre inférieure ne compte pas tellement.

- Une bouche serrée annonce un goût pour l'ordre et du sang-froid.

- Si l'extrémité des lèvres sont abaissées, elles révèlent l'insensibilité et le mépris.

Mains

Comme les mains sont le prolongement direct du cœur, elles sont souvent ambivalentes, comme le veulent les dictons: *«Jeux de mains, jeux de vilains»* ou encore «Avoir le *cœur sur la main»*.

- L'opposition entre les mains gauche et droite est très prononcée, la droite est celle de Dieu et la gauche, celle du Diable.

- Saluer quelqu'un de la main gauche porte malheur.

- Il ne faut pas laver spécialement les mains d'un enfant avant qu'il ait un an, sinon il sera pauvre toute sa vie.

- L'enfant qui naît avec plus de cinq doigts à la main est chéri des dieux.

- Deux personnes qui se lavent les mains dans la même eau doivent aussitôt la jeter, sinon elles pourraient se quereller.

- Pour empêcher ses mains de transpirer, il faut les baigner dans le bénitier d'une église où l'on entre pour la première fois.

- Si trois personnes se tendent la main au même moment pour se saluer, c'est un présage de grande chance pour les trois.

- Des mains grasses et longues sont le signe d'un caractère pacifique et serviable.

- Grasses et courtes, les mains dénotent un caractère industrieux, mais parfois grossier.

- Longues et fines, les mains dénotent une nature intelligente et très sociable.

- Les mains longues et sans chair présagent une nature secrète et axée sur la vengeance.

- Les doigts plats ou palmés dénotent un sorcier ou une sorcière.

- De gros doigts et des mains couvertes de poils sont des signes de luxure.

Menton

- Le menton pointu signale un esprit vif, actif et généreux.

- Un menton crochu dénote l'avarice.

- Une fossette au milieu du menton d'un homme indique un caractère résolu et judicieux.

- Le double menton est fort mal considéré; il dénote une nature axée sur la luxure et le contentement des sens, à l'exclusion de toute autre considération.

- Un menton plat indique une personne froide et sèche, avec très peu de sentiments humanitaires.

Nez

La forme du nez d'une personne est difficilement cachée; le nez se situe après tout au beau milieu de la figure! Voici quelques superstitions qui se sont accrochées à la forme de cette protubérance.

- Un gros nez est la marque d'une personne fidèle, noble et bonne.

- Un nez droit indique quelqu'un de caractère, changeant en amour, mais toujours compatissant et d'une nature aimante.

- Un nez crochu indique une personne ambitieuse, vaine, mais qui peut aussi se transformer en être aimant et content avec le bon ou la bonne partenaire.

- Un nez pointu dénote une nature industrieuse et fière, un caractère changeant pour un rien, mais qui possède beaucoup de bon sens.

- Un nez étroit est l'indication d'une personne austère, triste, au caractère à la fois détaché et jaloux.

- Un nez large est la marque d'une personne qui a des buts dans la vie, qui peut se montrer logique et affectueuse, mais aussi souvent égoïste.

- Un nez aux narines pincées indique une personne bigote, froide et très rusée.

Oreilles

- De petites oreilles sont une marque de bonté et de gentillesse; par contre, si elles sont très ourlées, c'est signe de folie.

- Grandes, les oreilles représentent la générosité, malheureusement parfois alliée à la bêtise. Longues, elles sont le signe de la sagesse.

- Plates, les oreilles révèlent une nature grossière, alors que carrées, elles sont le signe d'une âme noble.

Pieds

Les pieds assurent la mobilité du corps; leur forme est donc très importante pour marcher et pour se déplacer.

- Les pieds plats sont néfastes; on craignait même que leur porteur apporte des maladies à son entourage. Rencontrer une telle personne un lundi porte malheur.

- Qui compte six orteils à un pied est marqué par la chance.

Yeux

- Yeux verts vont en enfer, yeux noirs au purgatoire, yeux gris au paradis, yeux bleus aux cieux. On dit aussi : «*Yeux verts, yeux de vipères; yeux bleus, yeux d'amoureux; yeux marrons, yeux de cochons.*»

- Le noir signale une personne pleine de vie, mais souvent méchante et dure.

- Le bleu est signe de douceur et de finesse.

- Un regard limpide est signe de bonne santé. Des yeux rouges, en larmes, indiquent un caractère coléreux et hypocrite. Si le blanc de l'œil tire sur le jaune, c'est un signe de luxure et de violence immodérée.

- Un regard fixe, grand ouvert, semble cacher quelque chose; de la même façon que celui qui cligne constamment des yeux.

- Qui souhaite conserver une excellente vue, mange tous les mois trois carottes crues et porte une bague d'émeraude.

- Si votre œil droit vous pique, c'est un excellent présage; l'œil gauche, c'est signe d'ennuis prochains.

- Les sorcières ne pleurent jamais, c'est à ce signe qu'on les reconnaît.

- Si votre œil gauche tressaute, c'est signe que l'on vous trahit.

Corps et soins

Les ablutions et les soins corporels sont une source de superstitions qui changent avec les époques. Des bains de Cléopâtre au lait d'ânesse, à ceux de l'infâme comtesse dans le sang d'enfants, en passant par les frictions de sang recommandées par Gilles de Rai, spécialiste du folklore français de la période moyenâgeuse, on peut constater que rien n'arrête ceux qui veulent conserver leur jeunesse et leur beauté...

Se couper les ongles

Il existe de nombreuses superstitions sur les ongles et sur le comment et le pourquoi de les couper. Voici les superstitions qui entourent la journée où vous les coupez.

- **Lundi** : couper ses ongles un lundi prédispose aux rêves prophétiques ; cela aide aussi à guérir et à raccourcir la période de convalescence.

- **Mardi** : ce n'est pas une bonne journée pour se manucurer, car se couper les ongles en ce jour amène des disputes et des conflits dans la demeure.

- **Mercredi** : pour accroître sa sagesse ainsi que pour voyager de façon agréable, il est bon de voir à ses ongles en cette journée.

- **Jeudi** : pour attirer à soi l'abondance, la richesse et la prospérité, rien de mieux que de se couper les ongles le jeudi !

- **Vendredi** : pour renforcer les liens de l'amitié ainsi que pour découvrir et conserver l'amour dans sa vie, c'est la journée pour dorloter ses ongles.

- **Samedi** : qui veut éloigner le vieillissement ainsi que la maladie, évitera de porter ciseaux ou couteaux à ses ongles en cette journée.

- **Dimanche** : pour maintenir ou pour recouvrer la santé, coupez vos ongles en cette journée.

Se laver, prendre son bain

L'immersion rituelle est de rigueur dans pratiquement toutes les religions, du baptême de saint Jean le baptiste dans le Jourdain, aux immersions des hindous dans le Gange. On peut, par contre, remarquer qu'au Moyen Âge, l'Église catholique condamnait le bain chaud, trop sensuel, et n'acceptait le bain froid que comme une pénitence.

- Qui prend un bain se débarrasse aussi de ses peines de cœur, mais à ce moment, il ne faut pas chanter, car on pleurerait avant le coucher.

- Les mineurs du pays de Galles ne se lavent jamais entièrement, car cela aggraverait les risques de leur métier. Il leur faut toujours conserver un peu de la poussière de la mine avec eux.

- Certains joueurs croient qu'il ne faut pas se laver le corps trop en détail, cela ferait partir la chance avec la saleté.

- Il est de bon présage de répandre de l'eau pendant sa toilette du matin ; cette eau répandue annonce des réussites au travail.

- La jeune fille qui éclabousse ses vêtements pendant sa toilette épousera un ivrogne.

- Se laver chasse les soucis, mais il ne faut jamais prendre l'eau qui a servi à un autre; on serait aux prises avec les malheurs de la première personne.

Maigreur et corpulence

Trop gros ou trop maigre, on est rarement satisfait. De nos jours, on remarque que dans les pays les plus pauvres, les corps charnus sont plus appréciés que dans les contrées riches, où l'on préfère une ligne plus filiforme. Rappelons-nous aussi que certaines idéologies raciales voulaient qu'un homme grand et blond soit supérieur à un homme petit et brun.

Voici certaines superstitions qui datent de très longtemps.

- Le maigre a les os saillants et durs qui, parfois, extériorisent son étroitesse d'esprit, son manque de moralité ainsi que sa méchanceté. On affirmait même qu'un feu intérieur le dévorait et qu'il pouvait manger sans arrêt et ne jamais grossir.

- Une femme maigre était réputée être frigide, car sa chair était consumée par son esprit inquiet et instable.

- Pour contrer la maigreur, il était recommandé de boire un petit verre de sang d'animal frais, celui du bœuf, par exemple.

- La personne mince n'est pas mise en doute comme celle qui est maigre. La personne mince jouit d'une excellente réputation, où l'on confond finesse et beauté.

- Une femme maigre peut être considérée comme malicieuse et possédant une âme aux penchants pervers...

- On dit aussi «*Chair grasse, chair de glace*»; les hommes trop gros s'intéressent peu aux activités amoureuses.

Réactions corporelles

Bâillement

- Les Arabes pensent que si le diable pénètre par la bouche au cours d'un bâillement, il suffit d'éternuer pour s'en débarrasser.

- Les Turcs croient qu'il faut fermer la bouche le plus rapidement possible afin de ne pas perdre son âme.

59

- En Amérique du Sud, bâiller signifie que la mort vous appelle; il faut aussitôt claquer des doigts pour qu'elle reparte.

Démangeaisons

Avoir des fourmis dans les jambes est une expression qu'on emploie souvent, mais les démangeaisons sans raison ni origine précise sont à la source de bien des histoires.

- Toutes les démangeaisons qui surviennent à la droite du corps annoncent que quelqu'un vous aime ou pense à vous. À gauche, elles annoncent que l'on médit sur votre compte.
- Un chatouillement à la tête est toujours de bon augure.
- Si le nez vous pique, c'est que vous embrasserez quelqu'un ou... connaîtrez un ennui bénin.
- Si la main droite vous pique, c'est une rentrée d'argent; la main gauche vous indique une dépense imprévue. Même chose pour les hanches.
- Si les genoux vous démangent, vous souffrez de jalousie.
- Des démangeaisons aux pieds indiquent un voyage difficile.

Éternuement

Dans l'Antiquité, on croyait que des démons chatouillaient le nez des gens pour les faire éternuer et, ainsi, expulser leur âme; les démons pouvaient alors la prendre. C'est d'ailleurs la raison pour laquelle en Italie, on répond: «*Dieu soit avec vous*», à une personne qui éternue.

- L'éternuement est réputé de bon augure entre midi et minuit, durant le cycle décroissant de la lune. Il est néfaste à toutes les autres périodes.
- Éternuer porte chance le matin et porte malheur le soir.
- Éternuer avant le déjeuner annonce un cadeau dans la semaine.
- Éternuer lorsqu'on entreprend un nouveau travail signifie l'échec.
- Deux personnes qui éternuent ensemble s'attirent beaucoup de chance.
- Si on veut éternuer mais qu'on ne peut y arriver, cela signifie que quelqu'un nous aime, mais il est trop timide pour l'avouer.

- Éternuer le lundi: éloigne le danger; éternuer le mardi: embrasse un étranger; éternuer le mercredi: reçoit du courrier; éternuer le jeudi: tel est le meilleur; éternuer le vendredi: attire le malheur; éternuer le samedi: annonce un amoureux; éternuer le dimanche: le diable pour la semaine.

CHAPITRE 6

CHAPEAU, HABIT
ET SOUS-VÊTEMENTS

Notre peau fragile ne supportant pas très bien les intempéries, ni le soleil ardent, ni le froid intense d'ailleurs, les vêtements sont aussi anciens que l'humanité. Le besoin de se parer vint un peu plus tard. Les superstitions et les croyances dans ce domaine jouent un rôle très riche et, parfois, inusité.

Des pieds à la tête

Bas

- Dans bien des contrées, si la femme enfile un bas à l'envers le matin, elle connaîtra une querelle dans la journée. Pour les Celtes, c'était un présage de chance inespérée.

- Par contre, celle qui enfile ses deux bas à l'envers, se chamaillera avec son amoureux trois jours durant.

- Porter des chaussettes ou des bas de couleurs différentes protège contre les maléfices, surtout s'il s'agit de vieux bas.

- Il est de bon augure d'enfiler le bas du pied gauche en premier.

- Si les orteils se prennent dans le talon lorsque vous enfilez vos bas, c'est signe que du courrier vous attend.

- Il ne faut pas enfiler complètement l'un de ses bas avant d'avoir commencé à enfiler l'autre, cela porterait malheur.

- Si vos bas tombent de vos jambes sans raison, c'est que l'on pense à vous.

- Si deux trous ou deux échelles apparaissent simultanément dans un bas, on peut s'attendre à un cadeau au cours de la semaine.

- Un bas nylon ou de soie porté par une jeune fille et ensuite enroulé autour de la gorge guérit l'angine.

- Si l'on craint de faire des cauchemars, il suffit de suspendre ses bas au pied du lit pour éloigner les rêves néfastes.

- Si vos bas se tordent en séchant, c'est un signe de bonheur ou d'amour prochain.

Bouton

- Qui boutonne mal son vêtement doit l'enlever rapidement et recommencer, car le porter ainsi, mal boutonné, porte malheur et provoque des erreurs qui ne pardonnent pas.

- Trouver un bouton indique un nouvel ami.

Ceinture

- Au même titre que les colliers et les bracelets, la ceinture entoure le corps et le protège des sortilèges maléfiques.

- Il ne faut jamais jeter une ceinture; ce serait s'ouvrir à la manipulation et se mettre à la merci de ses ennemis.

Chandail

- Celui qui passe ses bras dans les manches d'un chandail avant d'y passer la tête est assuré de ne jamais mourir noyé.

- C'est un signe de chance de l'enfiler sens devant derrière, involontairement.

- Un trou dans un chandail porte bonheur, mais il faut faire attention de ne pas le recoudre avec du fil plus foncé; cela attirerait le mauvais sort.

Chapeau

Cet accessoire vestimentaire tire son pouvoir symbolique de la pensée qu'il est censé recouvrir. Lorsqu'on «*travaille du chapeau*», on change d'idée aussi rapidement que l'on change de couvre-chef. C'est un symbole de puissance qui fait partie intégrante de tous les uniformes; c'est souvent même la pièce maîtresse de ceux-ci.

- Il suffit d'effleurer le chapeau d'un marin pour être chanceux. Toucher la mitre d'un évêque porte bonheur aussi.

- Celui qui ne se découvre pas la tête devant un cortège funéraire risque de prendre la place du défunt dans l'année qui vient. C'est un manque de respect qui peut coûter cher!

- Déposer son chapeau sur une table ou sur un lit porte malheur à la maison où vous faites cet acte. Déposer son chapeau sur le lit d'un autre est particulièrement néfaste pour cette personne, car cela signifie que quelqu'un veut le faire mourir.

- Mettre son chapeau à l'envers est particulièrement mauvais: s'il s'agit d'un bonnet, c'est qu'on aura des démêlés avec la justice ou que l'on perdra un procès en cour.

- Le chapeau et le bonnet sont utilisés au cours de tirages au sort parce qu'ils sont reliés au destin.

Chaussures

Comme bien des vêtements communs et usuels, la chaussure s'identifie à la partie du corps à laquelle elle appartient. Le lien entre la chaussure et le pied est quasi magique; rappelez-vous du conte de Charles Perrault, *Le chat botté*. Marcher le long des routes, sillonner le pays, sont des façons de s'approprier le sol; la chaussure devient alors un symbole de propriété significatif. Dans les temps les plus reculés, elle symbolisait la liberté de l'individu, les esclaves étant pieds nus pour leur rappeler qu'ils ne possédaient rien. Pendant longtemps, seul le voyageur très bien chaussé pouvait voyager et parcourir le monde et, de ce fait, apprendre à le connaître.

Le conte de *Cendrillon* illustre très bien aussi l'intimité d'une personne avec sa chaussure: la jeune fille n'est finalement vraiment reconnue que lorsqu'elle présente la seconde de ses pantoufles de verre. Aussi, il ne faut pas oublier les nombreuses vertus dont on pare les vieilles chaussures, comme si l'expérience acquise s'était infiltrée dans celles-ci. Enfin, il n'y a rien de pire pour les pieds que des chaussures neuves.

- Il est de tradition d'accrocher une vieille chaussure derrière la voiture des jeunes mariés; on le faisait même au temps des voitures tirées par des chevaux. Cette façon de faire provient d'une coutume encore plus ancienne, où le père de la mariée lançait une vieille chaussure à son gendre pour signifier que sa fille passait de l'autorité de ses parents à celle de son nouvel époux. Pour s'assurer de conserver cette autorité, le jeune homme devait placer l'une des chaussures de sa femme au pied du lit, le soir des noces.

- Une femme qui désire avoir l'autorité dans le couple doit déchausser son mari le soir du mariage, avant que celui-ci la déchausse.

- Alors que dans certaines contrées il est peu recommandé d'offrir des souliers à un ami, d'autres affirment que si on ne le fait pas au moins une fois dans sa vie, on devra errer pieds nus au purgatoire.

- En Grande-Bretagne, l'usage veut que si une paire de chaussures crisse trop, c'est qu'il s'agit de souliers volés.

- Le matin, il est conseillé de chausser son pied droit en premier pour garder le gauche, qui porte chance, pour la fin.

- Se tromper de pied en se chaussant ou marcher avec une seule chaussure porte malheur.

- Les chaussures ne doivent pas être laissées à l'envers sur le sol, cela provoquerait une querelle dans la maison.

- Il est aussi de mauvais augure de laisser croisées les chaussures l'une sur l'autre.

- Si vous éternuez en vous chaussant le matin, vous devez aussitôt cracher pour chasser les esprits malins.

- Si vous lancez votre chaussure dans les airs, au jour de l'An, et qu'il retombe la pointe de côté, cela signifie des fiançailles; si la pointe se dirige vers une porte, vous devrez attendre quelques mois avant de rencontrer l'être aimé.

- Afin d'éloigner la mort de chez soi ou de toute demeure, il suffit de placer une chaussure sur le seuil, semelle en l'air.

- Pour protéger la maison des épidémies, faites brûler une vieille chaussure dans la cheminée.

- Une paire de chaussures que l'on pose sur la table présage une mort ou, à tout le moins, une querelle familiale importante.

- Avant de lancer son bouquet, la mariée jetait en l'air l'une de ses chaussures vers ses demoiselles d'honneur; celle qui l'attrapait devait se marier dans l'année.

- Au Japon, il n'est pas recommandé de porter des sandales neuves, pour la première fois, à dix-sept heures; cela rend les esprits jaloux.
- On ne chausse jamais les pieds d'un mort de sabots; il se blesserait les pieds en entrant au paradis.

Chemise

La chemise était souvent à la fois vêtement et sous-vêtement. La chemise colle à la peau: changer de chemise, c'est comme faire peau neuve. Elle représente, avec les chaussures, le premier bien d'une personne. «*Ne pas avoir de chemise à se mettre sur le dos*» illustre bien ce que nous voulons dire. «*Donner sa chemise*» est synonyme de la plus grande charité. Par conséquent, on comprendra que «*Porter la chemise d'un autre*», c'est aussi prendre ses pouvoirs ou ses fautes.

- À la naissance, on jette la chemise du nouveau-né dans une fontaine: si elle flotte, l'enfant aura une bonne santé; si, au contraire, elle cale, l'enfant sera chétif et malingre. On peut se servir de cette méthode pour jauger l'importance d'une maladie.
- La chemise du père qui couvre l'enfant éloigne les cauchemars et protège sa croissance.
- Il est de bon augure d'enfiler sa chemise sens devant derrière, mais mauvais de l'enfiler à l'envers ou de mal la boutonner.
- Il est déconseillé de changer de chemise le vendredi et de se signer avant de le faire, les autres jours. Si vous devez changer de chemise le vendredi, remplacez-la par une chemise bleue et non pas par une blanche.
- Une chemise cousue le vendredi attire les poux.

Fil

Pas vraiment un vêtement, le fil est tout de même indispensable pour confectionner tout ce que nous revêtons. C'est pourquoi, au même titre que le bouton et le lacet, nous l'incluons dans cet ouvrage.

- Si le fil dont on se sert pour raccommoder un vêtement se noue, c'est signe d'une dispute à l'horizon.
- Par contre, s'il s'enroule autour de l'aiguille, il annonce santé et fortune pour la couturière.

- Lorsqu'on casse trois fois de suite son fil, il vaut mieux mettre de côté l'ouvrage.

Certains fils possèdent des propriétés curatives:

- Pour se débarrasser des verrues, il suffit d'entourer son doigt trois fois d'un fil rouge, puis de le jeter par terre: celui qui le ramasse attrape les verrues. On peut aussi utiliser un fil noir de la même façon, mais il faut à ce moment-là l'enterrer dans un cimetière: une fois qu'il sera pourri, les verrues disparaîtront.

- Pour arrêter le saignement de nez, il suffit de nouer un fil rouge autour du petit doigt correspondant à la narine qui saigne.

- Couper un fil sans raison, c'est s'attirer un an de pauvreté.

Gant

Autrefois signe d'autorité et de noblesse, les gants se portent désormais davantage selon les intempéries plutôt que tous les jours, systématiquement. Dans ces temps reculés, la société associait le gant à l'honneur: on l'ôtait pour signaler son allégeance, on le jetait pour lancer un défi.

- Les gants blancs de la mariée symbolisent sa pureté.

- L'homme qui ramasse le gant d'une jeune fille tombé par terre peut espérer que sa passion lui sera retournée.

- Lorsque vous échappez un gant, il est préférable de laisser un autre le ramasser pour vous; le faire vous-même est malchanceux.

- Au moment de l'échange des vœux, la mariée enlève son gant pour recevoir l'anneau; ce faisant, elle marque son consentement.

- Porter des gants ou les perdre le mercredi porte malheur. Par contre, en trouver une paire est très bien, surtout le dimanche, car cela apporte de la chance pour toute la semaine.

- La superstition qui interdit de serrer la main à quelqu'un sans se déganter provient des Romains et s'est perpétuée plus tard, à la Renaissance, alors que les empoisonneurs favorisaient les gants pour intoxiquer et pour tuer leurs victimes. Se défaire de ses gants avant de serrer la main d'autrui indiquait que l'on n'avait pas l'intention de le tuer ou de l'empoisonner et qu'on prenait le risque en premier. C'est maintenant devenu une des règles de politesse les plus courantes. Conserver ses gants aujourd'hui dans une telle circonstance signifierait à la personne qu'on ne veut pas entrer en contact avec sa chair.

Habit

Malgré l'adage «*L'habit ne fait pas le moine*», qui incite à ne pas se fier aux apparences, l'habit ou le vêtement donne le plus souvent le ton à ce que l'on remarque du caractère physique de la personne qui le porte aussi bien qu'à sa moralité et à ses activités sociales. Qu'il suffise de remarquer le mythe autour du prestige de l'uniforme, souvent colporté par des gens avides de gloire et d'honneur, aussi bien que la modestie vestimentaire des gens de bien.

Le vieux vêtement, empreint de son histoire, a souvent la qualité d'un fétiche, d'un porte-bonheur. Nous entrons là dans les fantasmes personnels des gens. Qui n'a pas son chandail chanceux ou sa paire de jeans si éculée qu'elle tombe en morceaux, mais dont on ne peut absolument pas se défaire? Parfois, on dirait que ce besoin de s'entourer de talismans familiers et personnels est instinctif. C'est sans doute la raison de la majorité des superstitions qui entourent les vêtements; leurs origines ne sont sans doute pas plus compliquées que le simple désir de garder auprès de soi un élément qui a fini par faire partie de nous.

- Pour écarter le mauvais œil, lorsqu'on porte un habit neuf, il faut demander à un ami ou à un voisin de nous pincer le bras.

- Lorsqu'on porte pour la première fois un manteau ou un veston, il est recommandé d'y glisser quelques pièces de monnaie afin que la fortune veille sur nous tant et aussi longtemps que nous porterons ce vêtement.

- La femme qui revêt trois acquisitions nouvelles le jour de Pâques sera heureuse toute l'année.

- Il est recommandé de vêtir de blanc et de bleu un enfant chétif jusqu'à ce qu'il atteigne sa septième année, l'âge de raison. Ainsi consacré à la Vierge, elle le prendra sous sa protection et lui permettra de recouvrer la santé.

- Si vous brûlez votre habit, votre robe, votre pantalon ou votre chemise, vous pouvez être assuré que l'on colporte des propos mensongers à votre égard.

- On affirme en Russie que si un voleur laisse un vêtement chez vous, il suffit de frapper cet article d'un bâton pour rendre la personne malade et la forcer à se dévoiler.

- Pour bien chasser l'escargot, il faut mettre sa veste à l'envers avant de sortir.

Jarretière

Bien que peu portée de nos jours, la jarretière possède toujours une aura de mystère et de féminité absolue. On la trouve surtout dans les coutumes reliées au mariage.

- Il est très chanceux pour un célibataire d'attraper la jarretière de la mariée, car ce talisman apporte le bonheur et la chance dans tous les domaines.

- Si vous n'arrivez pas à nouer votre jarretière après trois tentatives, vous aurez une très bonne journée.

- On affirme toujours qu'une jarretière rouge chasse les rhumatismes.

- Une jeune fille qui perd sa jarretière au cours d'une procession aura un enfant dans l'année, qu'elle soit mariée ou non.

Lacet

- Qui oublie de nouer ses lacets de chaussures est assuré de passer une bonne journée.

- Ne pas attacher sa chaussure gauche porte malheur, alors que la même chose du côté droit porte chance.

- Au contraire de ce que l'on pourrait penser, il est heureux de trouver un nœud dans ses lacets; cela augure de la chance.

- Le lacet gauche qui se dénoue, quelqu'un parle contre vous; le lacet droit qui se déloge, c'est qu'on fait votre éloge.

- Lorsqu'on noue les chaussures de quelqu'un d'autre, il faut faire un vœu; il a toutes les chances de se réaliser.

- Il ne faut jamais porter un lacet brun sur une chaussure et un lacet noir sur l'autre; le brun est symbolique de la terre du cimetière, alors que le noir représente la mort.

Mouchoir

Au même titre que le gant, le mouchoir peut séduire, faire passer un message, mais son caractère intime peut se tourner contre vous si vous le laissez tomber dans les griffes d'une personne malfaisante.

- Deux amants ne devraient jamais s'offrir des mouchoirs; cela conduirait à une rupture du couple.

- Le nœud que l'on fait au coin de son mouchoir est, en réalité, une conjuration contre le Diable ou un esprit malicieux qui vous ferait oublier vos principes.

Sous-vêtements

Ils sont les plus intimes de tous les vêtements, car ils se portent directement sur la peau et les endroits qu'ils recouvrent sont les parties les plus secrètes du corps humain. Les superstitions entourant ces articles de lingerie sont de nature plutôt grivoise et sont même amusantes en général. Cela fait changement à côté de toutes ces prédictions sérieuses qui parlent de malheur et de mauvais œil!

- Lorsque le jupon d'une jeune fille dépasse, c'est que son père l'aime plus que sa mère.

- Un sous-vêtement qui glisse sans raison est le signe, chez une jeune fille, qu'elle pense à son amoureux; chez une femme, cela veut dire que son mariage ou sa relation est en danger. Chez la femme enceinte, un tel événement présage un accouchement facile et court.

- Il n'est pas recommandé de coudre ou de repriser ses sous-vêtements sans les enlever; ceux qui l'oublieraient passeraient une très mauvaise journée.

- Pour attirer les hommes, une jeune femme doit glisser quelques feuilles de valériane dans son soutien-gorge ou sa culotte.

- Afin de sauver une âme du purgatoire, il était recommandé à la nouvelle mariée de porter trois jupons le soir de ses noces. Elle devait enlever le premier la première nuit, le deuxième la nuit suivante et, finalement, le troisième la nuit d'après. C'était lors de cette troisième nuit que se consommait réellement le mariage.

- Attention, si la journée n'augure rien de bon, enfilez vos sous-vêtements à l'envers, cela fera tourner le sort en votre faveur.

CHAPITRE 7

AMOUR, FIANÇAILLES ET MARIAGE

L a recherche de l'âme sœur, la célébration de l'amour à travers les fiançailles et le mariage sont des sources importantes de rituels, de coutumes, de croyances, de superstitions et de dictons populaires, présents tout au long de l'histoire de l'humanité.

Du «*quelque chose de bleu*» en passant par les rêves prémonitoires et les coutumes pour assurer un bon mariage, il y a assez de matériel pour écrire une bonne dizaine d'ouvrages.

Voici quelques superstitions qui se perpétuent encore de nos jours:

Amour

Rencontrer l'être aimé, c'est tout un contrat. Les gens sont parfois prêts à faire des acrobaties inimaginables pour y arriver, comme en témoignent les superstitions suivantes.

- Une jeune fille touche les piquants d'une feuille de houx en demandant: «*Fille, femme, veuve, nonne?*» La dernière pointe lui annoncera son sort.
- Des tressaillements de l'œil ou du sourcil indiquent qu'une personne nous aime sans le dire.
- Si la jeune fille tend un miroir au-dessus d'un puits, le visage de son amoureux lui sera révélé. Si elle dort avec le miroir sous son oreiller, elle rêvera de sa vie avec lui.

73

- Celle qui rencontre deux hommes de suite, au matin du Nouvel An, connaîtra un amoureux dans l'année.

- Une jeune fille dont la jupe s'accroche aux ronces sait qu'elle est aimée.

- Si l'on secoue un pépin de pomme dans un chapeau, sa pointe indiquera la direction vers laquelle habite l'être aimé.

- Lorsqu'on commence un amour nouveau, il est bon de lancer un noyau de cerise dans le ciel: plus haut il montera, plus l'amour sera profond.

- Pour attirer chez soi la personne aimée, on pique deux épingles dans une bougie qu'on allume. Lorsque la flamme atteindra les épingles, l'être aimé se présentera à la porte.

- Un petit doigt engourdi ou un cœur qui palpite subitement sont des signes de trahison.

- Pour entretenir l'amour, il faut renifler de temps à autre la moelle du pied d'un loup. Ces animaux sont en couple pour la vie.

- En Allemagne, il faut allumer trois bougies par le mauvais bout afin de calmer les cœurs volages. Par contre, il ne faut pas retirer les tisons du feu.

- Il est déconseillé de se faire photographier en couple durant les trois premiers mois afin de préserver les sentiments.

- Tous les talismans d'amour doivent être offerts à Vénus et seulement le vendredi.

- Toutes les invocations, prières et notes doivent être écrites à l'encre rouge, qui rappelle la couleur du sang.

- Si la main vous tremble lorsque vous écrivez à votre amoureux ou à son sujet, c'est que votre amour est réciproque. Si vous faites une tache en écrivant, cela signifie que l'être aimé pense à vous.

- Il ne faut pas réclamer un envoi de carte postale à l'être aimé, cela briserait les sentiments. De plus, si celle-ci arrive mal timbrée ou abîmée, elle annonce un malheur prochain.

- Il ne faut jamais brûler les lettres d'amour; par contre, si l'on s'y risque, la qualité des flammes nous dira ce qu'il en est. Une

74

flamme haute et claire indique un amour durable; si, au contraire, elle est ténue et faible, les sentiments s'éteindront bientôt.

Ceci dit, n'oublions pas que «*Mois d'avril, mois du début des amours*». Les dates les plus propices pour trouver un nouvel amour durant ce mois sont: 5, 9, 15, 18, 21 et 29. Toute rencontre effectuée à l'une de ces dates est très favorable au développement d'une relation durable.

Aphrodisiaques

L'image d'un souper intime à la chandelle pour enflammer les passions ne date pas d'hier. Certaines de ces coutumes remontent même à l'Antiquité. En outre, bien des aliments ainsi que des odeurs et des parfums sont réputés comme étant aphrodisiaques.

Boissons

Café, champagne, chartreuse, cognac, rhum.

Fruits

Cerise, figue, fraise, framboise, mangue, mûre, papaye.

Herbes et épices

Cardamome, chocolat, coriandre, menthe, persil, réglisse, vanille.

Légumes

Carotte, céleri, endive, olive, patate douce, truffe.

Divers

Caviar, fromage parmesan, huître, miel, œuf.

Parfums et arômes

Bois de santal, cannelle, gardénia, gingembre, ginseng, hibiscus, menthe, orchidée, patchouli, rose rouge, vanille, vétiver, ylang-ylang.

Fiançailles

Autrefois, cette cérémonie avait autant de valeur que le mariage; un homme fiancé ne pouvait se marier à une autre femme sans risquer de se faire accuser de bigamie. C'était une promesse qui ne devait ni ne pouvait être brisée.

- Avant d'échanger les promesses, le jeune homme doit faire tomber son chapeau par terre et toucher la main gauche de la jeune fille avec sa main droite.

- Si une personne se fiance à deux reprises, elle ira en enfer. À trois reprises, le Diable s'emparera de son âme.

- En Bretagne, le jeune garçon qui veut se fiancer doit placer une branche d'aubépine à la porte de celle qu'il aime; si elle ne le désire pas, elle remplace la branche par un chou-fleur.

- Il est de bon aloi qu'un jeune homme ait des représentants pour la demande en mariage. Si ceux-ci sont tirés par une force invisible, s'ils éternuent, trébuchent ou ont les oreilles qui sonnent au cours de leur mission, il vaut mieux abandonner cette entreprise, car le mariage serait malheureux.

- Par contre, si ces représentants entendent le grondement du tonnerre au loin, ont l'oreille gauche qui tinte ou la narine gauche qui saigne, c'est de bon augure; ils peuvent continuer.

- La jeune fille doit se cacher lorsque le notaire ou le curé arrive afin que son amoureux la cherche un peu.

- Si la famille refuse le ou la fiancé(e), elle place des tisons debout dans la cheminée ou une poêle à l'envers.

- Une fois le contrat signé, les deux jeunes gens ferment les poings et s'accrochent par le petit doigt; ils doivent boire dans le même verre et se servir du même couteau.

- S'il survient une mort imprévue ou accidentelle au village pendant la période des fiançailles, le mariage sera malheureux.

Fidélité

Il existe plusieurs façons de conserver la loyauté de son amoureux. En voici quelques-unes qui ont fait leurs preuves.

- Faites infuser de la lavande ou des pétales de roses que vous ajouterez au bain de votre amoureux sans le lui dire.

- Saupoudrez un peu de racine de réglisse sous ses chaussures.

- Mouillez quelques feuilles de tilleul dans la paume de votre main droite; humectez votre index gauche avec le mélange et caressez doucement le front de votre bien-aimé du bout du doigt lorsqu'il dort.

- Placez une poignée de romarin en dessous de son lit lorsqu'il dort.

- Préparez une soupe que vous épicerez avec du cumin, surtout lorsqu'il doit partir pour quelque temps. Cette soupe vous assurera de sa fidélité.

Mariage

Tout d'abord, la grande question: se marier ou non? C'est un sujet d'angoisse et d'espoir pour bien de jeunes gens.

- En Bretagne, c'est au coucou que les filles demandent dans combien de temps elles se marieront; le nombre de cris de l'oiseau indique le nombre d'années d'attente.

- Une jeune fille peut aussi laisser tomber sa cruche dans une fontaine; le nombre de bulles qui monteront à la surface lui indiquera le temps qu'il lui faudra attendre.

- Dormir avec un miroir sous son oreiller est une pratique courante: si on rêve d'un cercueil, c'est le célibat; on peut aussi voir le visage de l'être aimé.

- La jeune fille peut aussi prendre une pomme, la peler en gardant la pelure en un morceau et jeter cette pelure par-dessus son épaule. Une pelure brisée lui indique un mari riche; le nombre de morceaux lui donne une idée de sa richesse.

- Si une jeune fille voit cent chevaux blancs au cours d'une journée, le dernier sera chevauché par son futur mari.

- La jeune fille qui se coupe les ongles neuf vendredis de suite, rencontrera celui qui lui est destiné le dimanche suivant le dernier vendredi.

- Au jour de l'An, les célibataires peuvent lancer leur chaussure gauche au ciel; si elle retombe au sol retournée, ils se marieront au cours de l'année.

- La personne qui souffle toutes les graines d'un pissenlit, qui trouve un trèfle à quatre feuilles sans chercher, qui finit involontairement une bouteille de vin, peut être assurée de se marier dans l'année.

- Une autre façon de savoir si l'on se marie au cours de l'année est de jeter une épingle contre la robe d'une statue de la Vierge, dans une église. Si l'épingle reste accrochée aux plis du vêtement, le mariage aura lieu en moins d'un an. Si l'épingle tombe, il faut recommencer; chaque fois que l'épingle tombe, le mariage est retardé d'une année.

- Dans les Balkans, la jeune fille cueille à l'aveuglette deux plantes qu'elle noue d'un ruban. Si les plantes sont d'espèces différentes, elle se mariera prochainement.

- Pour hâter l'événement, on peut, au cours de la nuit de la Saint-Jean, sauter au-dessus de neuf feux différents.

- À Paris, les amoureux cueillent quelques feuilles de buis qui poussent sur la tombe d'Abélard et Héloïse, au cimetière du Père-Lachaise.

- Le mariage sera retardé si la fiancée accroche sa robe à des ronces ou si elle laisse bouillir l'eau destinée à laver la vaisselle.

- Celle qui nettoie une casserole avec un morceau de pain fera un mauvais mariage.

- L'adolescente qui chante dès le réveil ne connaîtra le bonheur dans le mariage qu'avec un homme fou.

- Un garçon aux mains moites trouvera une épouse belle et jeune; celui aux mains sèches et froides épousera un laideron.

- Deux sœurs ne devraient pas marier deux frères, car la chance ne pourrait favoriser les deux couples à la fois.

- Une femme qui, en se mariant, change de nom mais garde les mêmes initiales, regrettera sa vie de jeune fille.

Cadeaux pour de nouveaux mariés

- Des branches de saule pour la chance et la flexibilité.

- De la lavande pour leur assurer sept ans de bonheur et de félicité.

- Une turquoise afin d'assurer qu'ils se réconcilieront rapidement après une dispute.

Cérémonie

- Le marié porte des habits neufs, qu'il conservera pour porter dans son cercueil; il place dans sa poche gauche trois grains de sel ou trois pièces d'argent. Il doit glisser une pièce d'argent dans les souliers qu'il offre à sa future épouse.

- La mariée ne doit pas coudre elle-même sa robe.

- Le rouge est strictement interdit pour la robe de la mariée et la moindre petite tache de cette couleur est un terrible présage. Le vert est à déconseiller, c'est la couleur des fées.

- La robe doit être de soie, car le satin porte malheur et le velours présage la pauvreté. Les imprimés d'oiseaux sont malchanceux.

- Pour attirer le bonheur et la fécondité, il est bon de porter la robe de sa mère ou d'une autre femme bien mariée.

- La robe et l'habit doivent être apportés avant le lever du soleil. Si un fil dépasse, il faut le brûler avec un cierge béni. Si la couturière s'est piquée en cousant, il faut laisser la tache de sang, car elle présage d'un bonheur extraordinaire. Il ne faut pas montrer sa robe à de vieilles femmes, elles pourraient avoir le mauvais œil. Il ne faut pas que le fiancé voit la robe avant la cérémonie.

- Quelque chose de neuf, quelque chose de vieux, quelque chose d'emprunté et quelque chose de bleu : ceci provient des vieilles coutumes saxonnes. Celles-ci voulaient que le neuf présage de l'abondance à venir; le vieux, du bonheur des parents et amis; l'emprunté, d'une amie féconde; et le bleu, pour calmer les esprits.

- Le voile sert à préserver la mariée des esprits malicieux qui voudraient l'enlever pour sa beauté. Les rubans qui entourent le bouquet de la mariée symbolisent les vœux de bonheur formulés par les amis.

- En chemin, si la mariée perd un talon ou si on marche sur sa traîne, cela indique de l'infidélité au sein du couple.

- Le cortège doit entrer et sortir de l'église par la même porte.

- On jette du riz sur les nouveaux mariés en signe de fécondité et d'abondance. Si on jette des confettis, ceux-ci ne doivent pas toucher leur peau nue.

- Si le cortège croise un enterrement, le sexe du défunt prédira lequel des époux s'éteindra en premier.

- Rencontrer un chat noir ou un éléphant est un excellent présage. (L'éléphant est un présage bénéfique en Inde, car Ganesh, l'un des dieux du panthéon, a la tête et la trompe d'un éléphant.)

- Pendant le repas de noces, il est bien de briser beaucoup de vaisselle et de verre blanc, ce qui augure de la félicité du couple pour les années à venir.

- Une coutume romanichelle veut que la femme brise un pichet de verre que son mari tient; le nombre de morceaux indique le nombre d'années de bonheur sans querelle. Si le pichet est pulvérisé, cela indique un mariage incroyablement bon pour les deux.

- La coutume de porter sa femme dans ses bras pour franchir le seuil de la porte nous vient du temps où les femmes étaient souvent enlevées contre leur gré et cherchaient à s'enfuir.

- C'est le marié qui doit fermer et verrouiller la porte avant d'aller au lit, sinon une dispute risquerait d'éclater dans les jours prochains.

Mois du mariage

- **Janvier**: jeune veuvage pour la mariée.
- **Février**: risque de trahison commune.
- **Mars**: deux solitudes qui ne se rencontreront jamais.
- **Avril**: les époux vivront ensemble très vieux.
- **Mai**: mauvais présages; c'était le mois dédié aux morts du temps des Romains.
- **Juin**: le plus favorable; les mariages sont placés sous les auspices de Junon qui préside au bonheur des jeunes mariés.
- **Juillet**: les regrets vite s'installent.
- **Août**: conjoint entouré d'amis fidèles.
- **Septembre**: vie tranquille, calme et sereine.
- **Octobre**: en butte aux problèmes financiers.
- **Novembre**: sous le signe de la fortune.
- **Décembre**: amour qui grandit jusqu'à la fin.

Jours du mariage

- **Lundi et mardi**: bénéfiques; l'un apporte la fortune et l'autre, la santé.
- **Mercredi**: pas très bon: la nuit de noces se termine le jeudi.
- **Jeudi**: très néfaste; c'est le jour des fées et l'on croit que l'homme qui se marie en ce jour sera vite cocu.
- **Vendredi**: à déconseiller.
- **Samedi et dimanche**: rien de bon pour cet événement.

CHAPITRE 8

CONCEPTION, GROSSESSE, ACCOUCHEMENT ET NAISSANCE

B ien qu'elles soient intimement reliées, vous constaterez que les superstitions sont parfois très différentes et ont peu de rapports entre elles lorsqu'il s'agit des trois phases qui marquent la venue au monde d'un nouvel être.

Plusieurs coutumes et croyances des temps anciens ont été perdues au profit des superstitions religieuses de la chrétienté, qui tenait en très piètre estime les femmes à cause de la présumée faute d'Ève... Tant et tellement qu'au Moyen Âge, on n'hésitait pas à tuer la mère et l'enfant si l'accouchement se passait sans trop de douleurs, ce qui était signe de possession démoniaque! La femme ne pouvait se sauver qu'en subissant de très fortes douleurs en accouchant. Plusieurs religions ont agi de même; il ne faut pas s'étonner si certaines coutumes veulent que la femme hurle simplement pour demeurer dans les traditions.

Voici donc, par ordre chronologique, quelques superstitions, dictons et coutumes qui entourent la venue d'un enfant.

Conception

Commençons par le commencement: la conception. En Inde, elle est régie par la Lune; beaucoup d'autres cultures ont aussi adopté cette coutume.

- Si une femme se déshabille sous les rayons de la Lune croissante, elle a toutes les chances de concevoir.

- Dans certains pays, on entourait le lit de rideaux pour le protéger des rayons de la Lune durant l'acte de conception, car sa lumière aurait donné un enfant lunatique.

- Un enfant conçu au cours du cycle décroissant de la Lune risque d'être une fille.

- Les astres jouent un grand rôle dans la conception. Saturne régit la conception; Jupiter s'occupe de la matière; Mars, de la tête et des membres; le Soleil crée le cœur et l'âme; Vénus s'intéresse au sexe; Mercure ajoute la voix, les yeux, la chevelure et les ongles, pendant que la Lune s'occupe de tout le reste.

- L'heure à laquelle on conçoit est aussi très importante. À midi pour l'intelligence, à minuit pour la poésie, le matin pour un travailleur et l'après-midi pour que la chance lui permette de ne pas travailler.

- Certains signes accompagnent présumément la conception: la femme peut avoir une douleur aux cuisses pendant l'acte d'amour; ou avoir des envies inhabituelles pour toute denrée alimentaire tout de suite après. Elle peut aussi boire de l'eau et du miel et si elle a des douleurs au nombril, le lendemain.

Grossesse

Dans bien des cultures, la femme enceinte est taboue; son seul contact risque de porter malheur si on porte atteinte consciemment ou non au bébé qu'elle porte. Dans certaines tribus africaines, elle est carrément écartée de la vie quotidienne.

- Pour expliquer l'origine des bébés, on dit souvent que les garçons naissent dans des choux et les petites filles, dans des roses. Il s'agit parfois d'un chat ou d'une cigogne qui les apporte à la mère.

- Une croyance très ancienne est celle du puits à enfants consacré à la Vierge Marie. Chaque nuit, celle-ci descend sur terre, transforme l'eau en lait et nourrit les orphelins et les enfants abandonnés.

- Une femme enceinte ne doit ni filer, ni coudre, ni tricoter, car elle risquerait d'étrangler son enfant avec le cordon ombilical.

- Elle ne doit pas se baisser deux fois de suite, passer sous une table ou même une corde à linge, laver des vitres ou se croiser les jambes; toutes ces activités sont supposément mauvaises pour l'enfant.

- À une certaine époque, il était dit que si elle se regardait dans le miroir ou si elle se pesait, l'enfant mourrait.

- Elle ne doit pas non plus marcher sur une tombe; en fait, elle doit fuir les cimetières et ne pas approcher la mort sous quelque forme que ce soit, sinon son enfant en porterait la marque.

- Si elle approche du berceau d'un enfant mort récemment, le sien mourra.

- Si elle approche du lit d'un mourant, son enfant portera une tache blanche sous le nez.

- La femme enceinte doit aussi porter une chaussette de son conjoint afin d'éviter un accouchement prématuré.

- À une certaine époque, on disait qu'une femme enceinte faisait tourner le lait, changeait le vin en vinaigre et faisait du tort aux denrées alimentaires.

- On croyait, au Moyen Âge, qu'un talisman de crapaud la protégeait des influences néfastes et des maladies; cet animal était le symbole de la matrice.

- Pour faciliter l'accouchement, elle devait aussi porter une ceinture bénite.

- La croyance la plus répandue, même de nos jours, veut que tout ce que la femme fait, pense, voit, entend ou rêve durant sa grossesse aura des répercussions sur l'enfant, son corps ou son esprit, parfois les deux. Elle ne doit pas regarder de monstres, car son enfant pourrait y ressembler. Si elle croise un bossu, l'enfant sera difforme.

- Si elle touche ou mange du lapin, l'enfant pourrait avoir un bec-de-lièvre; si elle trait une vache, son rejeton pourrait avoir des poils sur le front; si elle monte à cheval, son enfant aura une joue plus grosse que l'autre; si elle marche sur un chat, son bébé risque d'être hermaphrodite.

- Si une femme est effrayée par un animal ou un insecte, l'enfant pourrait en porter la marque sous la forme d'une tache de vin.

- En Grèce, on dit qu'une femme qui avale un œuf de pieuvre en se baignant accouchera d'une pieuvre.
- Si la femme vole durant sa grossesse, elle accouchera d'un enfant voleur. Si elle fixe longuement un sac vide, son enfant aura faim toute sa vie.
- Par contre, si elle lit beaucoup, elle aura un enfant intelligent, encore plus si elle consomme des amandes.
- Si elle consomme trop d'épices, son enfant sera laid.
- Si l'enfant donne des coups de pied vers la droite, il s'agit d'un garçon. Même chose si la femme remue toujours son pied droit ou si sa démarche est plus lourde de ce côté.
- La femme enceinte peut aussi glisser une pièce de monnaie entre ses seins; si la pièce tombe à gauche, c'est une fille; à droite, c'est un garçon.
- Si la femme fait tomber une paire de ciseaux, elle aura une fille; un couteau, c'est un garçon. Dans certaines régions, on cache ces objets sous des coussins et on invite la femme à s'asseoir. Si elle choisit le coussin sous lequel se trouve les ciseaux, c'est une fille; le couteau, c'est un garçon.
- En Bretagne, la femme dépose dans une fontaine deux chemises, l'une de fille et l'autre de garçon; celle qui s'enfonce la première détermine le sexe de l'enfant. On dit aussi que la première personne étrangère qui franchit le seuil indique le sexe de l'enfant à venir.
- La future mère qui désire un garçon porte des vêtements bleus et dépose quelques graines de pavot sur le rebord de sa fenêtre. Pour une fille, elle revêt du rose et dépose du sucre à la fenêtre.
- Il ne faut jamais évoquer, devant une femme enceinte, quelque chose qu'elle ne peut avoir. Ses envies non satisfaites causent un grand préjudice à l'enfant. S'il s'agit de fraises ou de cerises, l'enfant portera une tache de vin au visage.
- Une future mère qui trouve une noisette ou une amande double sait qu'elle accouchera de jumeaux.

Accouchement

Les superstitions qui entourent l'accouchement sont le plus souvent reliées à l'idée de danger, tant pour la mère – qui peut y perdre la vie –

que pour le nouveau-né – une proie facile pour toute maladie ou toutes influences mauvaises.

- Pour un accouchement sans douleur, la femme ne doit pas porter de bijoux en or ou en argent, sauf son alliance.

- Dans une maison où une femme va accoucher, il est nécessaire de protéger toutes les issues par lesquelles les esprits malicieux pourraient entrer. Pour ce faire, on met du sel sur le pas des portes et on trace une croix sur chaque fenêtre et devant la cheminée.

- Il faut aussi planter un couteau de fer devant la porte d'entrée afin que les sorcières maléfiques ne puissent entrer et voler l'enfant.

- Il est aussi recommandé de tourner les balais la tête en haut, de jeter du sel sur le feu et d'éloigner les chats de la chambre.

- Pour faciliter l'accouchement, la femme doit porter la chemise de son mari, préférablement celle qu'il portait lors des noces; porter une peau de serpent autour du cou est aussi un excellent moyen de faciliter l'accouchement.

- Au moment de l'accouchement, on fait sonner la plus grosse cloche de l'église trois fois. Si la femme souffre trop, on doit fracasser le toit avec une hache.

- Si la mère ne crie pas durant l'accouchement, l'enfant aura bon caractère.

- On croit, en Angleterre, que l'enfant né d'une césarienne peut communiquer avec l'au-delà et découvrir des trésors cachés.

- L'enfant dont la mère meurt pendant l'accouchement est souvent doté d'un don de guérison.

- L'enfant qui naît les pieds devant risque de mourir si on ne lui frotte pas assez tôt les jambes avec du lierre. Par contre, il aura un don de guérisseur pour toutes les afflictions des pieds et des jambes, comme les foulures et les entorses.

- L'enfant qui naît avec des dents en bouche sera de nature égoïste.

- Pour que l'enfant ait un bon teint et une bonne santé, il est recommandé d'enterrer le cordon ombilical sous un rosier.

- Il ne faut jamais brûler le cordon ombilical; l'enfant risquerait de périr par le feu au cours de sa petite enfance.

- Après l'accouchement, tous les hommes doivent laisser leurs chapeaux à l'extérieur avant d'entrer dans la chambre de l'accouchée.

- Une superstition demande que l'on mette des chaussures neuves aux pieds d'une femme morte en accouchant, car celle-ci reviendra toutes les nuits pour veiller sur son enfant. Cette femme, par ailleurs, sera acceptée sans objection au paradis.

- Cela porte chance d'embrasser un nouveau-né.

- Il faut attendre avant de peser le nouveau-né afin de ne pas blesser les dieux en soupesant le cadeau qu'ils nous ont accordé.

Naissance

- L'enfant qui naît à midi ou entre vingt-trois heures et minuit sera malheureux toute sa vie. Celui qui naît à minuit franc pourrait être la proie des forces infernales, mais s'il y échappe, il pourra converser facilement et sans danger avec les esprits.

- Celui qui vient au monde le matin, aura toujours faim.

- Le dimanche est la meilleure journée pour venir au monde, car c'est le jour de la résurrection du Christ. Le vendredi est souvent néfaste, sauf en Grande-Bretagne où l'on croit que naître ce jour donne une nature aimante et généreuse.

- Les enfants nés un mercredi sont souvent mélancoliques et mènent généralement une vie triste. Ceux qui naissent le jeudi sont bénis des dieux, alors que ceux qui naissent le lundi ou le mardi auront beaucoup d'attraits physiques.

- Naître à la pleine lune est très chanceux.

- Naître le jour de Noël est particulièrement avantageux.

- L'enfant qui, à la naissance, porte une veine bleue au front, ne vivra pas vieux. Il en va de même pour celui qui vient au monde avec plus de trois dents.

- L'enfant roux est particulièrement fragile aux attaques des esprits malins.

- Pour protéger l'enfant contre les maladies et le mauvais œil, il faut tremper l'anneau de sa mère dans du vin et lui en faire boire quelques gouttes.

- Pour que l'enfant grandisse bien, on le monte en haut de l'escalier de la maison au cours de ses premières heures de vie.

- Pour que l'enfant ait du succès auprès du sexe opposé, on le recouvre des vêtements de sa mère si c'est un garçon, ou de son père si c'est une fille.

- Pour éloigner les esprits malicieux, on jette par la fenêtre des pièces de monnaie d'argent, ce qui les distrait.

- Si les nuages dans le ciel ressemblent à des moutons, c'est un présage de prospérité et d'abondance pour l'enfant.

- Dans bien des pays, on plante un arbre à la naissance d'un enfant. Il s'agit souvent d'un cèdre pour le garçon et d'un pin pour la fille.

- Le berceau doit être protégé des influences néfastes. Pour les éloigner, on doit y pendre un collier d'ail, quelques oignons et des médailles d'argent.

- Il est bon de laisser une chandelle allumée auprès de l'enfant, tant le jour que la nuit, jusqu'au baptême.

Allaitement

- Si un peu de lait coule de la poitrine d'un enfant, on dit que le diable est venu téter au cours de la nuit.

- Un enfant qui refuse le sein est présumé ensorcelé; il faut aussitôt asperger la chambre avec de l'eau bénite et faire venir le prêtre.

- Pour favoriser la montée du lait, il est recommandé aux femmes de boire de la bière, de manger du miel ou de se faire un cataplasme de persil.

- Pour que le lait de la mère ne tarisse pas trop tôt, il fallait prendre de multiples précautions: ne jamais répondre à un appel du dehors, brûler soi-même du bois dans la cheminée ou tenir une aiguille par sa pointe. La mère devait aussi cracher au visage des gens qui la dévisageaient lorsqu'elle se promenait avec son en - fant!

- Il ne faut jamais remettre au sein un enfant que l'on a sevré, cela ferait de lui un menteur.

- Un enfant sevré au printemps aura des cheveux gris prématurément.

- Il ne faut jamais sevrer un enfant le Vendredi saint, car il mourrait de faim.

CHAPITRE 9

LA MORT ET SON CORTÈGE

Plusieurs superstitions se rattachent à l'annonce de la mort, même dans bien des domaines qui ne sont pas directement reliés à celle-ci. Nous ne tenterons pas de les répéter ici. Au lieu de cela, nous allons nous intéresser spécifiquement à la mort et à ce qui l'accompagne: le cercueil, les funérailles, et ainsi de suite.

Cette dernière étape de la vie a, de tous temps, éveillé la peur chez l'être humain. On a beau posséder la foi, l'annonce de ce voyage dans l'inconnu effraie toute personne.

Tout au long des recherches et de l'écriture de cet ouvrage, j'ai constaté qu'un très grand nombre de superstitions prédisent la mort prochaine; c'était une préoccupation constante de nos ancêtres qui vivaient dans des conditions plus rudes que celles que nous connaissons aujourd'hui. La mort faisait partie de la vie de tous les jours à un niveau qu'il nous est difficile de comprendre, nous qui vivons dans un monde qui dénie l'existence de celle-ci en la cachant dans des hôpitaux et des salons funéraires.

- En règle générale, tous les objets croisés involontairement sont présages de mort.

- Rêver de perdre une dent, rêver qu'on mange des aliments pourris ou qu'on allume trois cigarettes à la même flamme sont aussi des présages de mort. Si ces manifestations se produisent le matin, c'est que la mort est très proche; si elles se produisent le soir, on peut s'attendre à un sursis ou à une période d'attente.

- Il ne faut jamais simuler la mort, c'est l'inviter à nous prendre au mot.

- Pour connaître lequel, dans un couple, mourra en premier, vous devez calculer la valeur numérique du prénom des conjoints: si la somme des deux donne un nombre pair, c'est le mari qui partira en premier; s'il s'agit d'un nombre impair, ce sera la femme.

- La coutume de couvrir les miroirs de la maison où l'on exposait un mort nous vient de deux superstitions: la première visait à éviter que l'âme ne se perde dans le monde des miroirs et finisse aux enfers; la seconde voulait empêcher que l'âme voie le destin qui l'attendait dans l'au-delà. Toutefois, certains affirment qu'on agissait ainsi pour empêcher que la maison soit littéralement envahie d'âmes venues visiter leur nouveau compagnon.

- Il faut aussi vider de leur eau tous les seaux et les récipients non couverts, car l'âme du mort s'y laverait de ses péchés; quelqu'un qui boirait de cette eau risquerait de se retrouver pris avec ces péchés.

- Une autre croyance veut que l'âme du décédé traverse l'eau pour se rendre au paradis; conserver le liquide ralentirait le voyage.

- Il faut découvrir rapidement tout argent enterré par le mort, car il ne pourra connaître le repos tant et aussi longtemps que l'argent restera sous terre.

Cercueil

- On disait autrefois que le charpentier était toujours mystérieusement prévenu d'avance qu'il devait fabriquer un nouveau cercueil.

- On ne doit pas se coucher dans un cercueil ni y déposer une pièce de ses vêtements, ce serait inviter la mort avant son temps.

- En Bretagne, on affirme que si le bras gauche du mort est placé sous son corps, celui-ci reviendra hanter les vivants. Une autre coutume veut que l'on embrasse le mort afin qu'il ne revienne pas.

- Il faut toujours sortir le cercueil la tête en premier pour permettre à l'âme de s'envoler librement et plus facilement.

- Si, pendant la mise en terre, le cercueil n'entre pas dans la fosse, c'est un présage de catastrophe pour toute la région.

- Les vampires sont les seules créatures qui peuvent ouvrir leur cercueil de l'intérieur.

Funérailles

Les cérémonies, tant religieuses que sociales, qui entourent la mort, cherchent à faciliter le passage de l'âme du défunt vers l'au-delà. Elles rendent aussi un dernier hommage à la personne disparue et permettent aux vivants d'empêcher le défunt de revenir les déranger. On ne s'attardera toutefois pas sur les pratiques modernes d'embaumement qui ne servent qu'à masquer la réalité de la mort.

- Personne ne doit travailler dans la maison où l'on expose le mort; cela serait l'insulter. C'est de là que provient la coutume d'apporter des mets préparés d'avance à la famille.

- Au cours de la veillée mortuaire, il est essentiel que le mort ne reste jamais seul; le diable pourrait alors s'emparer de son âme désorientée. On place treize bougies autour du lit ainsi qu'un verre de vin. Tous les visiteurs doivent trinquer avec le disparu en signe de respect et pour effacer les querelles qui existaient précédemment.

- Il ne faut pas remettre un enterrement, surtout s'il doit avoir lieu le week-end, car le dimanche, la Mort, alors insatisfaite, pourrait chercher quelqu'un d'autre pour se satisfaire.

- On croyait jadis que le cortège funèbre ne devait pas être coupé ni s'arrêter; cela aurait eu pour effet d'inviter l'âme du mort à déserter et à se transformer en fantôme. Par contre, si les chevaux s'arrêtaient d'eux-mêmes, il fallait attendre qu'ils reprennent leur chemin.

- Les porteurs du cercueil doivent se mettre du romarin dans la bouche en signe de longévité et pour empêcher l'âme du mort de les posséder.

- Il est bon de courber la tête en signe de respect lorsqu'on croise un cortège funèbre. Les hommes doivent se découvrir la tête; s'ils ne le font pas, ou pis encore, s'ils prennent le même chemin que le cortège, ils mourront eux-mêmes sous peu.

- Compter le nombre de voitures d'un tel cortège est dangereux, car ce nombre vous indique les années qu'il vous reste à vivre.

- Rencontrer un corbillard vide porte chance, mais se retourner pour le voir partir annule cette chance.

Linceul

- Ce drap, toujours blanc et de la meilleure qualité possible, servait à protéger tant les vivants que le mort lui-même. Bien cousu, il empêchait le défunt de revenir importuner les membres de sa famille et il protégeait aussi l'âme des influences néfastes.
- Pendant longtemps, c'était le seul vêtement des morts et c'est pourquoi, traditionnellement, on imagine les fantômes revêtus d'un suaire.

Mort violente

- À l'instant de la naissance, si les nuages enserrent la Lune, c'est que l'enfant finira noyé ou pendu.
- La victime d'un meurtre reste sur terre jusqu'à ce que le coupable ait expié ses crimes. Pour conjurer ce mauvais sort, il faut enterrer la personne avec les chaussures qu'elle portait au moment du crime.
- La croyance veut que lorsque l'assassin entre dans la chambre où est exposée sa victime, la blessure s'ouvre et se mette à saigner.
- Les pendus restent éternellement suspendus entre ciel et terre, car leur âme ne peut passer la corde.
- Lorsqu'une personne meurt par noyade, son âme reste sur place jusqu'à ce que quelqu'un d'autre meure de la même façon.
- Les marins ne remontent pas le corps d'un noyé, mais ils le traînent à la remorque, au bout d'une corde. Faire autrement pourrait faire couler le navire.

CHAPITRE 10

MAISON, MEUBLES ET OBJETS

L a maison, qu'il s'agisse d'un appartement de trois pièces et demie ou d'un palace, est notre refuge quotidien, notre lieu de repos, l'endroit où nous pouvons être nous-même sans effort et sans contrainte. Ce n'est donc pas étonnant que depuis l'époque où l'homme vivait dans les cavernes, nous fassions tout ce qui est possible pour protéger notre demeure contre les intrus, les influences maléfiques, néfastes ou tout simplement hostiles.

Maison

Les coutumes et les superstitions qui entourent notre demeure et les objets qu'elle renferme ont tantôt une origine lointaine – certaines proviennent de l'Antiquité –, tantôt une provenance moderne; ces dernières sont donc adaptées à la nouvelle technologie. La maison – et ce qu'elle renferme – est une forteresse qu'il faut protéger à tout prix pour s'y sentir vraiment à l'aise et y vivre heureux.

- Si l'un des ouvriers de la construction meurt ou tombe subitement malade au cours de son travail, il faut voir là un présage malheureux.

- Dans l'Antiquité, les nouveaux propriétaires procédaient à un sacrifice rituel pour purifier leur nouvelle demeure. Le plus souvent, il s'agissait d'humains, des esclaves que l'on sacrifiait en les emmurant vivants sous la fondation pendant la construction ou, un peu plus tard, dans un mur. Les victimes étaient toujours des hommes ou des enfants mâles, les sacrifices féminins étant strictement réservés aux temples. Avant d'occuper la maison, les nouveaux résidents l'aspergeaient de sang frais, préférablement de coq ou de bœuf. De nos jours, bien sûr, nous n'emmurons plus personne dans les fondations des immeubles, mais la survivance de cette coutume se retrouve au niveau de la pose de la première pierre, qui symbolise le rituel ancien. Le personnage qui officie à cette occasion est le «descendant» direct des chamans de ces époques lointaines.

- Dans certaines contrées, on continue toutefois une certaine forme de sacrifice sanglant, notamment en versant du sang de bouc sur le seuil de la porte avant que les occupants y pénètrent pour la première fois. Dans certaines communautés, on asperge le pas de la porte du sang d'un coq que l'on fait ensuite cuire pour célébrer l'arrivée dans la nouvelle demeure. Dans d'autres cultures, on frotte les murs extérieurs du sang de l'animal, ensuite on le jette dehors après l'avoir plumé et avoir lancé sa tête par-dessus le toit de la maison.

- Par contre, dans la majorité des cas, on se sert maintenant de vin rouge pour symboliser le sang: on arrose le seuil de la porte et, parfois, le périmètre extérieur de la maison. En Bretagne, on creuse généralement un trou pour y verser quelques gouttes de vin. Tout ce symbolisme représente simplement le tribut que doit verser la famille afin de ne pas payer elle-même de son sang pour y habiter.

- D'autres rituels s'intéressent plus particulièrement à la sécurité de la nouvelle demeure. Un de ces moyens est d'enterrer à la cave des boîtes de fer à l'intérieur desquelles on a placé trois morceaux de papier sur lesquels on a inscrit le nom de Dieu ou d'une déité. On enterre ces boîtes à trois coins de la pièce, laissant généralement le sud libre pour que les entités néfastes puissent prendre la poudre d'escampette.

- D'autres encore cachent des cruches et des pots sous le sol et le seuil de leur maison. La cruche doit contenir la chemise de nuit d'une jeune vierge afin de protéger la demeure contre les incendies; un des pots doit contenir des clous et des épingles pour empêcher les envoûtements; un autre pot peut contenir des pièces de monnaie d'argent afin de favoriser la prospérité de la famille et un dernier peut recevoir des os d'animaux pour que leurs forces totémiques agissent comme gardiennes.

- La pose de la première pierre de n'importe quelle maison est très importante. Dans certaines régions méditerranéennes, c'est le fils aîné qui se charge d'effectuer ce travail; après coup, il doit frapper la pierre trois fois.

- En Auvergne, dès la fin de la construction, on lance un bouquet de fleurs sur le toit, lequel est doté d'ailleurs de quelques tuiles spéciales décorées de symboles de protection contre la foudre, les incendies, les coups de vent, etc.

- Ailleurs, on plante un arbre orné de rubans en haut du toit. D'autres préfèrent jeter des fruits secs et de l'argent à ceux qui sont attroupés en bas.

- Lorsque le charpentier finit son travail, il n'est pas rare qu'il lance un verre contre un mur: si celui-ci se casse, c'est signe de bonne fortune pour la famille. Dans d'autres pays, il faut que l'ombre du chef de famille passe sur la maison ou qu'il répande du tabac autour du périmètre extérieur de la maison. Une autre coutume veut que l'on plante un arbre tout de suite afin qu'il grandisse à l'image du foyer qui s'installe.

- Une fois dans la nouvelle maison, il faut purifier chacune des pièces; on le fait simplement en se promenant à travers toutes les chambres en portant une miche de pain blanc et un bol de sel, ce qui prouve aux esprits néfastes qu'on ne les craint pas; ceux-ci s'enfuient alors aussitôt.

- Pour ne pas courir de risque, il convient de fixer une croix quelque part dans la maison et des fers à cheval au-dessus des portes.

- Pour une nouvelle ferme, le rituel comporte une étape de plus: il est recommandé aux fermiers d'ajouter quelques gouttes d'eau bénite ou quelques grains de sel aux bidons de lait afin que les esprits malicieux ne puissent le faire tourner.

- Les grillons sont toujours les bienvenus dans une nouvelle demeure, mais pas les oiseaux ni les crapauds qui annoncent la mort et la maladaie prochaines. Il faut toujours s'efforcer d'entrer dans la maison du pied droit, que cela soit dans sa propre résidence ou ailleurs; dans ce dernier cas, si l'on néglige cet avis, on risque d'emporter la chance du propriétaire avec soi.

- Lorsque la porte d'entrée s'ouvre toute seule, elle annonce un visiteur désagréable. S'il s'agit de la porte de derrière, des invités indésirables, souvent des membres de la famille, resteront sous votre toit pour une trop longue visite.

- Pour entretenir le bonheur du foyer, on recommande de faire pousser des plantes à fleurs sur le toit de la maison. Par contre, méfiez-vous des lichens qui ont une influence néfaste. Les plantes qui poussent entre les tuiles ou les ardoises devront être détruites, car elles attirent la foudre.

- Lorsqu'on oublie ses clefs à l'intérieur de la maison, il est recommandé d'entrer par la fenêtre, d'ouvrir la porte de l'intérieur, mais de ressortir par la fenêtre avant de rentrer normalement dans la demeure pour y prendre ses clefs.

- Les maisons abandonnées sont laissées en proie à toutes les créatures de la nuit et aux fantômes; il faut se signer avant de passer devant l'une d'entre elles.

Cheminée

Traditionnellement, la cheminée représente le cœur de la maison. C'est aussi une porte d'entrée pour les puissances bénéfiques; d'ailleurs, le père Noël l'emprunte chaque année! Mais c'est aussi un port d'entrée aux esprits malicieux, qui peuvent même y résider.

- Le feu qu'on allume dans l'âtre relie le ciel et la terre de façon symbolique, c'est un geste très vieux qu'on doit accomplir avec respect. Il faut protéger cette porte d'entrée spéciale avec un soin particulier.

- Il faut faire attention de ne jamais utiliser pour la première fois la cheminée un vendredi; c'est le jour de la mort du Christ et aussi celui du sabbat des sorcières.

- Avant d'allumer le feu pour la première fois, il est préférable d'y jeter quelques grains de sel et de dessiner dans l'air trois signes de croix. Il est recommandé de recommencer ces gestes à chaque naissance ou à chaque mort dans la famille.

- Il est important de montrer du respect pour l'âtre et de ne jamais cracher dedans pour ne pas offenser les esprits.

- Un étranger ne doit jamais attiser le feu; c'est inviter dans votre foyer des présences indésirables.

- Il ne faut jamais faire réparer le soufflet; cela augure que le maître de maison périra étouffé. Il est préférable de s'en procurer un nouveau.

- Si un paquet de suie tombe de la cheminée d'un seul coup, c'est un présage de catastrophe imminente.

Crémaillère

Pendre la crémaillère était autrefois une pratique réelle qui consistait à occuper sa demeure pour la première fois en y installant le chaudron dans l'âtre.

- Il était de mauvais augure que le feu refuse de s'allumer.

Couleurs

On attribue aussi aux couleurs utilisées dans une maison des propriétés particulières, et cela ne date pas d'hier. Voici quelques influences retracées dans certaines croyances.

- **Blanc**: cette couleur est universellement reconnue comme le symbole de la pureté; parmi ses attributs, on trouve la protection et le raffinement.

- **Bleu**: cette couleur préside sur la paix, la joie, la sagesse, la tranquillité et les rêves. Plusieurs civilisations considèrent que le bleu protège contre les énergies négatives.

- **Brun**: c'est la couleur de la terre, idéale pour une cuisine. Dans certaines civilisations, c'est aussi une couleur reliée à la prospérité et à l'abondance.

- **Jaune**: les attributs de cette couleur sont la créativité, la loyauté et une certaine légèreté de l'esprit. C'est une couleur qui revitalise notre énergie et qui augmente la fertilité.

- **Orangé**: l'orangé est la couleur du soleil levant et des feuilles d'automne. Il fortifie la volonté, la concentration et procure une plus grande vivacité d'esprit. C'est une couleur appropriée pour une pièce d'étude ou un bureau.

- **Rose**: le rose est reconnu comme symbole d'amour, d'amitié; vous n'aurez aucune difficulté à savoir où placer cette couleur.

- **Rouge** : couleur préférée des elfes et des fées, le rouge accroît l'énergie et la vitalité. C'est une couleur idéale pour une pièce où vous travaillez, car elle donne courage et force.

- **Vert** : cette couleur est vraiment essentielle dans toute maison, car ses attributs sont la prospérité, la croissance, la capacité de guérir et la transformation.

- **Violet** : depuis l'Antiquité, le violet a toujours été associé aux mystères, à la magie et aux rituels. Cette couleur peut vous aider au cours de pratiques divinatoires.

Escalier

L'escalier est ressenti comme un lieu possible d'accident et il faut donc faire attention en tout temps.

- Il est considéré comme mauvais de rencontrer une autre personne dans l'escalier; il vaut mieux attendre sur le palier. Si vous y êtes déjà engagé, croisez les doigts jusqu'à ce que vous soyez seul de nouveau.

- Pour éviter les chutes, il est recommandé de se signer avant de monter ou de descendre un escalier. En règle générale, trébucher est considéré comme mauvais, sauf si vous avez des filles à marier à la maison; dans ce cas, cela annonce des noces.

Fenêtre

- Lorsqu'on y dessine un signe de croix, les fenêtres empêchent les esprits malicieux de pénétrer dans la maison.

- On doit ouvrir la fenêtre dans la chambre d'un agonisant afin que son âme puisse sortir et monter vers le ciel.

- Lorsque quelqu'un vient de guérir d'une fièvre, il faut qu'il sorte par la fenêtre pour sa première sortie. Emprunter la porte permettrait à la fièvre de revenir aussitôt.

- Il est aussi recommandé de sortir le cercueil d'un enfant mort-né par la fenêtre pour empêcher qu'il ne contamine une femme enceinte qui passerait le seuil de la porte.

- Il ne faut pas non plus regarder passer un enterrement par la fenêtre; on risquerait de prendre la place du mort ou de le rejoindre rapidement.

- Les volets qui claquent sans raison sont un mauvais présage.

Porte

- Il est recommandé d'accrocher un fer à cheval au-dessus de sa porte d'entrée pour attirer le bonheur et la chance.

- Pour empêcher les visiteurs malencontreux, tant physiques que sous forme d'esprits, il est bon d'accrocher, à l'intérieur de la porte, un balai garni d'herbe de Saint-Jean (ou millepertuis).

- Tout invité doit pénétrer dans la maison du pied droit, car se tromper de pied peut attirer la malchance.

- Au retour d'un baptême ou de funérailles, il est recommandé de ne pas entrer par la porte par laquelle on est sorti. Si l'on ne peut faire autrement, il faut croiser les doigts ou se signer avant d'entrer.

- Il ne faut pas laisser la porte d'entrée et la porte de derrière ouvertes en même temps, car cela attire la foudre.

Meubles

- Lorsqu'un meuble bascule ou tombe sans que l'on sache pourquoi, c'est un présage de mort.

- Si un cadre ou une toile se décroche du mur sans raison, c'est encore plus néfaste; il faut alors conjurer le sort en balayant le sol avec du sel.

- En Écosse, les meubles qui craquent présagent d'un changement dans la température, un peu à la façon des membres atteints de rhumatismes.

- Comme il est malvenu de former des croix avec ses meubles, il est recommandé de placer ceux-ci en parallèle avec les murs.

- Au chapitre des fantômes, sachez bien que la nuit, les âmes mortes sans sépulture se détachent des miroirs de vos maisons pour errer de pièce en pièce, ne retournant dans la glace qu'au chant du coq.

Chaise

De par sa nature même, la chaise est apparentée au trône ou au siège du patriarche; c'est donc un signe de respect. Dans les temps anciens, les chaises étaient réservées uniquement aux personnages importants, les gens ordinaires se servaient de tabourets ou s'assoyaient sur de

grands bancs pour les repas. Le fait que nous nous servions maintenant des chaises de façon plus démocratique n'enlève rien au caractère
spécial de cette pièce de mobilier.

- Avant de mettre la table, il faut toujours s'assurer qu'il y a autant
  de chaises autour que de convives. En oublier une est un présage
  de mort ou de maladie pour la personne que l'on a oubliée.

- Il est de très mauvais goût de ranger sa chaise contre le mur lorsqu'on est en visite; ce geste indique que l'invité n'y reviendra pas.

- En règle générale, renverser ou faire tomber une chaise est de
  mauvais augure et porte malheur. Pour conjurer le mauvais sort,
  il faut se signer cinq fois très rapidement sans dire un mot. Par
  contre, la personne qui renverse sa chaise en se levant après un
  repas annonce à tous qu'elle vient de raconter des mensonges.
  La fiancée qui renverse une chaise peut s'attendre à ce que son
  mari soit infidèle; dans certaines régions, on assure qu'elle peut
  sauver la situation en donnant cette chaise au curé du village.

- Faire pivoter sa chaise sur elle-même annonce une querelle avec
  des proches; le faire constamment présage un procès long et
  ardu.

- Tourner et retourner le coussin d'une chaise indique une série de
  petits désagréments.

- Trois chaises placées côte à côte par inadvertance présagent une
  mort dans la famille.

- Pour attirer la chance au jeu, il faut faire trois fois le tour de sa
  chaise avant de s'asseoir. Certains joueurs préfèrent cracher sous
  leur chaise avant de s'asseoir et de commencer la partie.

Lit

Comme le lit est relié aux étapes fondamentales de la vie: naissance,
amour, rêve, maladie, souffrance, mort, etc., on doit le protéger de
toute influence néfaste et s'attirer toutes les énergies bénéfiques possi-
bles.

- En Europe, il convient de placer son lit de façon que les rayons
  de la pleine lune ne puissent le toucher. Il faut aussi faire attention à ce que le lit ne forme pas une croix avec les poutres du plafond.

- En Asie, on préfère que la tête du lit soit orientée vers le nord, ce qui permet un sommeil réparateur et des rêves prophétiques plus compréhensibles.
- Si vous avez des visiteurs, il est important d'attendre au moins une heure avant de refaire leurs lits, sinon vous risqueriez d'avoir une visite inopportune.
- Il ne faut jamais être plus de deux pour faire un lit; trois personnes qui font un lit ensemble annoncent que la mort frappera.
- Si vous ne pouvez faire votre lit d'une seule traite, vous connaîtrez des désagréments au cours de la journée.
- Il n'est pas recommandé de laisser un lit ouvert durant la journée; cela invite les esprits malicieux à l'occuper. Si on retourne le matelas le vendredi, on rêvera de sabbat de sorcières au cours de la nuit.
- Pour éloigner les cauchemars, liez des brins de paille en croix et placez-les aux quatre coins du lit.
- Il faut sortir du lit du pied droit, sinon la journée est gâchée.
- Si vous sortez du lit du côté opposé à celui où vous y êtes entré, des surprises agréables vous attendent. Si vous le faites systématiquement, vous connaîtrez une vie bousculée et sans repos.

Table

La table est le lieu de ralliement pour tous les membres de la maisonnée; c'est aussi un endroit plein de mythes et de superstitions.

- En mémoire de la Dernière Cène, il faut toujours être plus ou moins que treize personnes à table; si on omet de suivre cette règle, l'un des convives pourrait trouver la mort ou être trahi par l'un des autres. Cette coutume est en fait une adaptation d'une autre encore plus ancienne qui nous vient de Babylone. Même avant l'ère chrétienne, il était de mauvais goût d'être treize à table. Lors du grand festival religieux de cet empire, treize participants étaient choisis pour incarner les dieux; malheureusement, un d'entre eux était sacrifié à la fin des festivités. Le christianisme n'a en fait que confirmer une tradition qui était déjà en place depuis très longtemps.
- Même si vous ne faites plus partie de la maison de vos parents, il est recommandé de conserver votre place habituelle à table

lorsque vous les visitez. Faire autrement attire les désagréments de toutes sortes.

- Une jeune fille assise au coin d'une table ne se mariera jamais.
- Une jeune fille qui s'assoit à table en parlant à son fiancé ne l'épousera pas.
- Il ne faut pas passer un nouveau-né ou un bébé au-dessus de la table, c'est présager sa mort prochaine. Pour conjurer ce mauvais sort, empressez-vous de le repasser rapidement dans le sens inverse.
- Il ne faut pas s'asseoir sur la table, cela présage une disette.

Objets

Assiette

- Casser des assiettes éloigne les mauvais esprits qui ont horreur de ce bruit; toutefois, à une réception de mariage, casser de la vaisselle présage un avenir radieux pour les nouveaux mariés.
- Manger dans une assiette ébréchée porte bonheur.
- Il n'est pas recommandé de faire tourner son assiette, car cela porte malheur.
- Il ne faut pas placer une assiette à l'envers sur une table; cela présage de la maladie pour la personne à qui elle est destinée. Placer toutes les assiettes à l'envers sans s'en rendre compte est un présage d'épidémie ou d'incendie grave.
- Les jours de fête ou dans les grandes occasions, il est bon de placer une assiette supplémentaire à la table afin de ne pas offenser les dieux.
- Au souper, il est recommandé de placer l'assiette de la personne récemment décédée afin que celle-ci puisse se restaurer avant de nous quitter pour l'au-delà.

Balai

Originellement, le balai était l'instrument avec lequel les prêtres de l'Antiquité éliminaient les impuretés et les influences négatives. Avec le temps, son usage s'est répandu et le folklore l'entourant s'est aussi enrichi.

- En Allemagne, les sorcières sont réputées enfourcher leur balai à l'envers pour aller au sabbat. Il est aussi bien connu que les mégères se servent de leur balai pour battre leur mari...

- Il ne faut pas balayer après le coucher du soleil, on pourrait blesser une âme errante. Pour la même raison, il ne faut pas balayer lorsqu'on a un mort dans la maison.

- Il ne faut pas utiliser un balai neuf à l'extérieur; il faut balayer à l'intérieur avant de s'en servir dehors, autrement on chasserait sa chance en poussière.

- Piler sur un balai porte malchance. Pour une femme, cela signifie qu'elle aura un enfant avant le mariage; pour un homme, c'est qu'il perdra une fortune au jeu.

- Il ne faut pas emprunter ou prêter un balai, ni le brûler ou le couper en morceaux, car cela éliminerait toute chance dans sa vie.

- Il ne faut pas emporter un vieux balai dans votre nouvelle maison, car vous déménageriez tous vos ennuis. Les premiers objets qui doivent pénétrer le seuil d'une nouvelle maison sont: un balai neuf, du sel et du pain.

- Si un enfant prend un balai et se met à balayer sans raison, cela annonce une visite agréable et inattendue.

- Pour empêcher les personnes indésirables d'entrer chez vous, posez un balai au travers du seuil de la porte; ces individus n'oseront l'enjamber.

Bêche

- Entrer dans la maison avec une bêche sur l'épaule annonce que l'on devra creuser une tombe bientôt.

- Il ne faut pas utiliser la bêche d'un fossoyeur pour travailler dans son jardin.

- Si on nous salue avec une bêche, il faut répondre en lançant un peu de terre.

Chandelles

Les chandelles étaient utilisées couramment dans les temps anciens. De nos jours, elles jouent un rôle plus discret dans notre vie; toutefois, nous avons quand même conservé quelques traditions s'y rattachant.

- Pour découvrir quel saint prier pour la guérison d'une maladie, il est bon d'allumer des chandelles à tous les saints guérisseurs; la chandelle qui s'éteint en premier annonce celui qu'il faut prier. C'est à cette tradition que l'on doit la phrase: «*À quel saint se vouer?*»

- Il existe une coutume qui consiste à allumer trois cierges dans la chambre d'un malade pour connaître l'issue de la maladie. C'est le cierge qui s'éteint en premier qui donne le pronostic. S'il s'agit du troisième, il indique la mort; si c'est le deuxième, on peut prévoir une longue maladie, alors que le premier présage une prompte guérison.

- La superstition qui veut qu'allumer trois chandelles dans une même pièce soit malchanceux nous vient des Romains, qui croyaient que cette action invitait les Parques (les trois divinités qui tissent le destin des humains) à se mêler de leurs affaires.

- Qui allume sa bougie au feu de l'âtre est assuré de ne jamais connaître la fortune.

- Il faut toujours éteindre soi-même une chandelle, la laisser brûler jusqu'au bout présage une mauvaise fortune. Éteindre une chandelle par erreur présage une surprise agréable.

Ciseaux

- En Afrique, on croit que quiconque ouvre et ferme une paire de ciseaux pendant un mariage rend le mari impuissant.

- Si vous donnez une paire de ciseaux en cadeau, vous devrez demander un cent en échange afin de ne pas briser l'amitié.

- Il ne faut jamais laisser traîner des ciseaux ouverts sur la table; cela augure de la haine à votre endroit ou une vengeance.

- Si vous échappez des ciseaux par terre, vous ne devez pas les ramasser; cela vous porterait malheur. Un autre peut les ramasser sans problème. Si les pointes des ciseaux sont piquées dans le sol, c'est signe d'une catastrophe.

Clef

Signe de pouvoir et de prospérité, les clefs jouent encore un rôle important de nos jours.

- Remuer ses clefs un mercredi peut rendre fou, car cette journée est sous l'égide de Mercure, à la fois voleur et commerçant.

- Un trousseau de clefs ou une clef qui rouille annonce un héritage.

- Au Moyen Âge, une clef placée sur la Bible tournait sur elle-même lorsqu'on prononçait le nom d'un coupable.

- Si vous perdez votre chemin, vous pouvez jeter votre trousseau de clefs par-dessus votre épaule gauche; la clef la plus grande vous indiquera la direction à prendre pour vous rendre à destination.

- Conserver une vieille clef dans son porte-monnaie attire l'argent vers vous.

- Porter en sautoir une petite clef d'or vous permet de faire de bons choix.

Clou

- Trouver un clou rouillé sur son chemin porte chance. Vous pouvez le garder sur vous ou le planter dans la porte de votre maison pour la protéger.

Couteau

- Si vous échappez votre couteau lorsque vous êtes à table, c'est que vous romprez votre relation amoureuse prochainement. Pour conjurer le sort, ne le ramassez pas avant la fin du repas.

- Si un enfant échappe un couteau à table, cela annonce la visite d'un homme.

- Il ne faut pas croiser deux couteaux sur la table, cela annonce des hostilités prochaines.

- Il ne faut pas trancher en l'air, on risque de blesser une âme errante sans s'en rendre compte.

- Si l'on glisse un couteau sous son oreiller, on peut dormir tranquille, sans craindre les attaques des esprits nocturnes.

- Si vous oubliez votre couteau ailleurs, vous devrez retourner le chercher pour éviter le malheur, particulièrement si vous êtes en voyage.

Cuillère

- Si on tourne de la main gauche une cuillère dans sa tasse, on risque de perdre sept ans de sa vie.

- Deux cuillères dans une même tasse annoncent un mariage dans la famille.

- En Écosse, on croit que la main dont le bébé se sert pour saisir une cuillère pour la première fois témoigne de son destin. S'il prend la cuillère avec sa main droite, c'est signe d'une vie chanceuse et prospère; par contre, s'il se sert de sa main gauche, sa vie sera difficile, pleine de tourments et de vicissitudes.

- Si une cuillère tombe d'une tasse, c'est qu'une surprise vous attend.

Four

- Comme la corbeille ou le panier, le four ne doit jamais rester vide, car cela attirerait la famine. C'est la raison pour laquelle bien des gens, même de nos jours, conservent un plat vide dans leur four.

Horloge

- Tout changement de rythme, sans raison, traduit une cassure dans l'harmonie de la vie quotidienne. Une accélération, un arrêt, une sonnerie sans raison indiquent une catastrophe imminente, parfois la mort.

- Faire sonner treize coups à une horloge, c'est convoquer le Diable.

- Entendre sonner treize coups annonce une visite du Diable. Vous pouvez refuser en jetant de l'eau bénite sur l'horloge ou du sel sur le feu.

Marteau

- On frappe le front d'un mort avec un marteau afin que son âme atteigne le paradis sans tarder.

- Si une nouvelle mariée veut diriger sa maison, elle doit acheter avant toute chose un marteau pour son trousseau.

Parapluie

- Ouvrir un parapluie dans la maison s'il fait beau, c'est appeler la pluie.
- Si on échappe son parapluie, il faut le ramasser soi-même, sauf si on est célibataire. Dans ce cas, il faut demander à quelqu'un de l'autre sexe de le faire pour soi, sinon on risque de ne jamais se marier.

Peigne

- Les peignes en écaille calment les gens nerveux et affinent l'intelligence.
- Il ne faut pas se servir du peigne d'un mort, cela conduirait à le suivre.
- Si une dent se casse lorsque vous vous peignez, c'est signe de malchance.

Serviette

- Lorsqu'on échappe une serviette de table ou de bain, c'est qu'on aura bientôt de la visite. Pour conjurer cette annonce, il faut marcher à reculons sur la serviette.

Verre

- On ne doit pas tendre un verre à une personne, il est préférable de le déposer à côté; agir autrement risque d'entraîner une querelle.
- Casser du verre blanc involontairement annonce du bonheur. La coutume russe qui consiste à briser son verre en finissant de boire de la vodka est un vestige du temps où l'on offrait des sacrifices sous forme de *potlach* ou rite de destruction en offrande aux dieux.

CHAPITRE 11

AMULETTES, MÉTAUX, PIERRES PRÉCIEUSES ET TALISMANS

On ne peut affirmer avec précision si les bijoux et le port des pierres précieuses sont antérieurs ou ultérieurs aux amulettes. Une chose est certaine, dans un cas comme dans l'autre, le folklore et les superstitions qui les entourent sont innombrables et souvent très différents d'une culture à l'autre.

Amulettes

Depuis le début des temps, les amulettes sont présentes dans le quotidien des hommes. En effet, les archéologues en ont découvert des vestiges à toutes les époques depuis la préhistoire. Les amulettes ont toujours servi un double rôle. D'une part, elles défendent la personne qui les porte d'un danger potentiel et lui confèrent certaines qualités ou propriétés spécifiques et, d'autre part, elles servent d'ornements. C'est une façon de joindre l'utile à l'agréable, puisqu'elles permettent de jauger la prospérité de son porteur. Par conséquent, les amulettes sont aussi, vous ne serez pas surpris de le constater, une source inépuisable de superstitions.

Il n'est pas question ici de rituels magiques compliqués, mais simplement d'histoires entourant certaines effigies d'animaux ou de déités, certaines représentations symboliques, comme l'étoile ou la croix, et certaines propriétés dont on les affuble même en notre époque moderne et rationnelle. De fait, bien que l'être humain se soit civilisé avec les siècles, il continue à s'orner des mêmes symboles de chance et de protection qu'utilisaient ses ancêtres lorsqu'ils portaient sur eux les dents ou les griffes d'un animal qu'ils venaient de vaincre. À cette époque reculée, nos ancêtres prouvaient à leur entourage leur courage en étalant leur trophée, alors qu'au même moment, d'un point de vue spirituel si l'on peut dire, ils s'appropriaient l'âme et les qualités de leurs adversaires vaincus.

Voici une liste des principaux animaux que l'on trouve en amulettes et les significations qu'ils revêtent.

Agneau

- Symbole de la paix, cette amulette favorise le calme et la sérénité.

Aigle

- La plus ancienne superstition concernant cette amulette provient de la Grèce antique où, étant consacrée à Zeus, elle était réputée protéger son porteur des effets de la foudre.
- Plus tard, ce symbole a été repris par les empereurs de Rome et elle fait aujourd'hui partie de bien des blasons.

Alligator (dents)

- Les dents de cet animal étaient réputées pour guérir les infections et pour contrer les empoisonnements.

Buse

- Les plumes de cet oiseau servaient d'amulette pour protéger des douleurs dues aux rhumatismes et pour augmenter la flexibilité des joints.

Chat

- Le symbole de cet animal a connu toute une histoire; il fut tour à tour déifié et abhorré selon l'époque. Déesse sous les Égyptiens, animal familier maléfique au Moyen Âge, où on considérait les chats comme des créatures du Diable, ce symbole est accolé à toutes sortes de superstitions tant bonnes que mauvaises.

- L'amulette à l'image du chat était un charme de fertilité pour les religions préchrétiennes ainsi que dans la région des Balkans. En Asie, une amulette de chat en jade est encore placée sur le nombril d'une femme qui accouche pour atténuer les douleurs de l'enfantement.

Cerf

- Cette amulette est un symbole de virilité et de fertilité masculine.

Chien

- Une amulette de chien protégeait la demeure dans l'Antiquité, transférant la loyauté de l'animal à son effigie.
- Dans certaines régions d'Europe, c'est la marque de l'amitié entre deux personnes.

Chauve-souris

Il existe un grand nombre de superstitions autour de la chauve-souris. Il est inutile d'entrer ici dans toutes les histoires de vampires et de chauve-souris buveuses de sang.

- Une telle amulette est réputée protéger contre le mauvais œil lorsqu'on la porte pendant un mois et qu'on la jette ensuite dans un cours d'eau.
- Dans certaines contrées des Balkans, une telle amulette protège contre les attaques du Nosferatu.
- Le long du Mississippi, particulièrement dans les navires à vapeur bien connus pour leurs tables de jeu, une telle amulette était réputée apporter la chance.
- En Iran, on lui attribue encore la propriété de guérir de l'insomnie.

Dauphin

- C'était l'amulette préférée des marins de la Phénicie et de la Crète, car elle protégeait des accidents et des dangers en mer. Cette coutume tire son origine de l'habitude qu'ont les dauphins de prévenir les marins de la venue d'une tempête en venant s'ébattre tout près du navire.

Grenouille

- Une amulette ayant cette forme favorise l'amitié et la réconciliation entre ennemis.

Hibou

- Cette amulette est renommée pour aider à accroître vos connaissances et pour faciliter l'assimilation et l'intégration de celles-ci.

Lapin (patte de)

Il s'agit sans doute de la plus connue de toutes les amulettes, un symbole universel de chance. Son origine remonte à la préhistoire où l'on en remarquait déjà les qualités de survie ainsi que son extrême fertilité.

- Portée au bras gauche, la patte de lapin vous préviendra de tout danger imminent.

Lion

- Amulette aux multiples pouvoirs, elle est réputée guérir de la timidité.
- Elle protégerait aussi au cours des voyages ou des déplacements.
- Cette amulette permettrait de vaincre les ennemis cachés et augmenterait le courage du porteur.

Ours

- Cette amulette était réputée aider une femme durant sa grossesse en augmentant sa force physique et sa vitalité.
- Dans certaines traditions amérindiennes, une amulette à son effigie permet une chasse ou une pêche abondante.

Poisson

- Une amulette ayant cette forme est réputée accroître la prospérité.
- L'amulette à l'effigie du poisson défend des sentiments négatifs que des gens pourraient entretenir contre le porteur.

Requin

- Symbole de force dans toute la Polynésie et aux îles Hawaii, il est connu que porter un collier de dents de requin apporte la chance.

- Cette amulette éloignerait les esprits néfastes et protégerait des attaques de... requin.

Salamandre

- L'amulette de cet animal serait réputée pour protéger du feu.

Scarabée

- Symbole cyclique du soleil, le scarabée était aussi un symbole de résurrection, chez les Égyptiens, entre autres. Il est amusant de noter qu'ils croyaient que tous les scarabées étaient mâles et naissaient par génération spontanée. Quoi qu'il en soit, le scarabée était le symbole de l'autogénération masculine, du soleil qui renaît de lui-même tous les matins, chassant la noirceur de la nuit.

- Le scarabée semble un symbole universel, car les Mayas possédaient aussi une tradition de vénération pour ce symbole; une tradition basée sur les mêmes croyances que celles de l'Égypte, de la Chine et de la Rome antique.

Serpent

C'est un symbole vénéré et honni, selon l'époque.

- Une amulette portant cette effigie protégeait des morsures de serpent en Égypte ancienne.
- Ce fut longtemps le symbole de la sagesse et de la connaissance dans les traditions préchrétiennes.
- La venue du christianisme lui donna cependant une réputation adverse en faisant du serpent l'allié d'Ève au paradis terrestre.

Taureau

- Amulette réputée pour accroître la fertilité, tant chez les femmes que chez les hommes.

- L'amulette de taureau a évolué pour devenir un symbole de virilité pour les hommes, leur apportant aussi une chance accrue dans les conquêtes amoureuses.

Tigre

- En Chine, cette amulette confère une force physique plus grande et favorise l'étude des sciences ésotériques.

Tortue

- Cette amulette est réputée stimuler la créativité, renforcer les talents divinatoires et rendre compatissant.

Métaux

Les métaux ont aussi, semble-t-il, une influence sur notre vie. À preuve, les quelques exemples qui suivent.

Aimant

- Dans l'Antiquité, on se servait de fer aimanté pour discerner le vrai du faux.
- L'aimant était reconnu pour aider à voir le futur et pour découvrir des secrets cachés.

Antimoine

- Ce métal blanc, porté en amulette, est renommé pour protéger contre la sorcellerie noire et les démons.

Argent

- Porté en amulette, ce métal protégeait contre le mauvais œil et les attaques de sorcellerie.
- Dédié à la lune, l'argent était le métal préféré des elfes, des fées et de tous les praticiens de magie.

Fer

- Porté en amulette, le fer éloigne les démons.
- Le fer est aussi un métal qui détruit les elfes et les fées; le simple contact de ce métal peut les tuer.

Laiton

- Aussi appelé «airain» dans l'Antiquité, le laiton, porté en amulette, éloignait les esprits et protégeait des sorcières.
- Dans la maison, des objets de ce métal empêchent les visites d'esprits malins.

Mercure

- Un des ingrédients préférés des alchimistes, il était grandement utilisé dans les recettes magiques pour vaincre des maladies et contrer le mauvais œil.

Météorite

- Cette amulette venant du ciel était renommée pour protéger contre la foudre et les orages.
- Les météorites servaient aussi à prévoir les éclipses et autres événements célestes.

Or

- Comme ce métal est régi par le soleil, on l'utilise dans des amulettes pour procurer la gloire, la fortune et la prospérité.
- Une autre de ses propriétés est d'assurer une longue vie à ceux qui le portent.

Plomb

- Placé à l'entrée d'une maison, le plomb empêche les esprits malins d'y pénétrer.
- Le plomb est utilisé pour isoler les objets magiques afin de ne pas disperser leur énergie.

Pierres

Voici quelques-unes des superstitions les plus intéressantes concernant certains joyaux dont les propriétés et les maléfices étaient pris au sérieux jusqu'à la Renaissance. Même encore de nos jours, on continue à croire en certaines de ces histoires. Peut-être pas de façon systématique mais... pourquoi tenter le sort? Si une émeraude peut mettre la chance de mon côté, pourquoi ne pas la porter pour aller au casino? Si l'argent protège des maléfices et des attaques surnaturelles, pourquoi ne pas en avoir sur moi? C'est joli et si son influence est véridique, je n'y perds rien. C'est souvent de cette façon que l'on pense afin de se convaincre qu'on n'est pas vraiment superstitieux: «*On ne sait jamais...*»

Grâce aux textes qui ont survécu, nous savons que les peuples de l'Antiquité accordaient des propriétés magiques parfois fabuleuses à certaines pierres. Ces traditions se sont perpétuées jusqu'à nos jours de façon fragmentaire mais intéressante.

Dès le XIᵉ siècle, un évêque de Rennes, en France, avait compilé les propriétés des différentes pierres et joyaux afin de les adapter aux besoins de l'Église chrétienne tout en se basant sur les écrits de l'Antiquité.

Voici donc une liste de pierres renommées pour leurs pouvoirs mystérieux et les civilisations ou pays d'où proviennent ces légendes.

Agate

- Dans l'Antiquité, l'agate était une pierre reconnue pour protéger son porteur de tous les dangers et lui permettre de vaincre tous les obstacles sur son chemin.

- L'évêque Marbodus, de Rennes, transforma cet écrit en notant que le porteur d'agate était favorisé par Dieu et que cela le rendait de nature plus agréable.

Alexandrite

Bien que cette pierre n'ait été découverte qu'en 1831, il court déjà à son sujet des rumeurs superstitieuses.

- En Russie, où elle fut découverte, on la considère comme un charme porte-bonheur.

- Au Sri Lanka, où on l'extrait aussi, on croit qu'elle apporte la chance.

Ambre

C'est l'une des plus vieilles substances dont l'homme s'est servi pour des amulettes et des bijoux.

- En Grèce antique, on considérait l'ambre comme les larmes des dieux.

- Pour d'autres civilisations, c'étaient des rayons de soleil solidifiés.

- En porter sur soi protégerait des intempéries.

- En Russie, l'ambre était considéré comme un talisman pour conserver la jeunesse et la beauté.

- En Bohémie et en Croatie, l'ambre était considéré comme une pierre qui accroissait la chance de son porteur, particulièrement dans les jeux de hasard.

- Au Japon et au Tibet, cette pierre servait à attiser les feux de la mémoire ancienne lors de régression dans les vies antérieures.

Améthyste

- Au Moyen Âge, on considérait que cette pierre apportait la sérénité et aidait à la chasteté.

- Les chevaliers qui partaient en croisade portaient sur eux une améthyste afin d'être invulnérables et d'agir toujours selon leur code d'honneur.

- En Angleterre, on croyait que cette pierre empêchait son porteur de s'enivrer.

Béryl

- Les Polynésiens s'en servaient pour faire pleuvoir.

- Certains de leurs chamans affirmaient pouvoir conjurer des déluges et des inondations chez leurs ennemis.

Corail

- D'après un ouvrage datant de 1515, le corail peut arrêter le sang de couler d'une plaie, guérir de la folie et augmenter la sagesse chez son porteur.

- Talisman sicilien contre le mauvais œil, il assurait la protection contre les *Strege* malicieuses (sorcières, en Italie).

- En Grèce antique, le corail était considéré comme un remède contre les infections pulmonaires. On s'en servait aussi pour restaurer les nerfs fragiles et contre la mélancolie.

Cornaline

- Cette pierre était recommandée à toutes personnes qui possédaient une petite voix ou qui étaient timides; on disait qu'elle guérissait de cette affliction.

- Les chamans de Sibérie accordaient une grande valeur à la cornaline et lui attribuaient des pouvoirs fabuleux, dont celui de la guérison.

- En Palestine ancienne, une cornaline appelée «Odem» était incrustée dans le collier cérémonial du grand prêtre juif; cette pierre était reconnue comme possédant une grande valeur médicinale.

- Au Tibet, les lamas croyaient que cette pierre aidait à faire des voyages astraux et, surtout, à en garder un souvenir clair et précis.

Diamant

Cette pierre est tour à tour bénéfique et maléfique selon l'interlocuteur.

- Marbodus, autrefois évêque de Rennes, en France, affirme que c'est une pierre d'un grand pouvoir qui éloigne les spectres de la nuit; on doit alors l'enchâsser dans de l'or et le porter au bras gauche.

- Sainte Hildegarde renchérissait à ce sujet en affirmant que le pouvoir du diamant était reconnu même du Diable, qui s'en tenait loin.

- Dans son œuvre de 1585, Cardan, philosophe et médecin italien, affirme que le diamant rend la personne qui le porte malheureuse. Il reconnaît que le diamant peut rendre son porteur sans peur mais, pour lui, il est mieux d'être prudent et peureux que sans peur et mort.

- En Grèce, on considérait le diamant comme une nécessité sacrée. Cette pierre était le gage de mener une existence prospère et bonne.

- Les Hébreux affirmaient que le diamant était la plus puissante des pierres, puisqu'il était l'emblème du soleil et celui du feu sacré invisible.

- Au Népal, on croyait que cette pierre aidait à développer l'intelligence et favorisait l'extase mystique.

- Au cours de la Renaissance italienne, on croyait que le diamant pouvait détecter la présence de poison en produisant de la condensation sur sa surface. On disait aussi que si son porteur tombait brusquement malade, la pierre perdrait son éclat et ne la retrouverait qu'à la guérison de celui-ci.

Émeraude

- Pour les Romains, l'émeraude tenait la place d'honneur; on disait qu'un serpent ne pouvait regarder une émeraude, car celle-ci le rendrait aveugle. En fait, les Romains allaient jusqu'à affirmer que toute créature détestable ou mauvaise ne pourrait supporter la présence d'une émeraude ou de l'individu qui la portait.

- Au Moyen Âge, on croyait que l'émeraude aidait à découvrir les ennemis, qu'elle favorisait l'amitié sincère et la félicité domestique.

- En Italie, durant la Renaissance, on était certain que cette pierre changeait de couleur en présence de faux amis ou de faux témoins. C'était aussi un baromètre pour juger de l'intensité des sentiments amoureux: lorsque la pierre était pâle, cela voulait dire que l'amour diminuait; si la couleur disparaissait complètement, on avait affaire à de la tromperie.

Grenat

En raison de sa couleur rouge, il était aussi surnommé «le rubis des pauvres».

- Les Celtes croyaient que le grenat assurait la fidélité et la constance amoureuse.

- Au Siam (aujourd'hui la Thaïlande), on faisait porter des colliers de grenat aux nouveau-nés afin de s'assurer qu'ils auraient bon caractère et qu'ils sauraient faire leur chemin dans la vie.

Jade

- Une pierre sacrée en Chine depuis la nuit des temps. Toutes les variétés de jade y sont grandement appréciées, car cette pierre symbolise la chance et l'harmonie. Le jade rouge était exclusivement réservé à l'Empereur; il était le seul à décider qui pouvait en porter.

- Le Japon réserve aussi une place privilégiée au jade; il symbolise l'harmonie familiale ainsi que le lien entre les dieux et les hommes. Le jade est également réputé être une pierre favorisant la paix.

Jaspe

- Les Vikings affirmaient que le jaspe apportait le succès dans les entreprises risquées et dangereuses.
- Cette pierre était aussi reconnue comme apportant la sagesse et le courage à son porteur.

Malachite

- Les Perses considéraient que cette pierre favorisait son porteur en lui octroyant le succès et le bonheur dans toutes les circonstances de sa vie.

Œil-de-chat

- Au Moyen Âge, on s'en servait comme d'un talisman contre la sorcellerie. Durant la même période, les sorcières l'utilisaient pour obtenir de la chance.
- En Écosse, l'œil-de-chat était reconnu comme une pierre de prospérité qui apportait des richesses à son porteur.

Onyx

- Pierre sacrée pour les sorcières, elle éloigne les influences négatives et favorise les accomplissements bénéfiques.
- L'onyx est aussi considéré comme une pierre qui favorise les rêves divinatoires ainsi que l'intuition.

Opale

- Les Grecs affirmaient que cette pierre donnait le don de prophétie à qui la portait et le don de clairvoyance à condition toutefois que la personne s'en serve pour des causes justes et pour faire le bien. Lorsque cette pierre était utilisée pour des fins égoïstes ou vénales, elle se tournait contre le porteur qui devenait malchanceux en amour et qui voyait tous ses espoirs détruits.

- Au Mexique, l'opale était considérée comme la plus sacrée des pierres; on disait qu'elle contenait la vérité en son cœur. C'était la pierre favorite des ermites et elle était aussi consacrée aux dieux solitaires.

- Les Mayas croyaient que l'opale de feu renfermait l'essence du feu sacré, celui qui est à l'origine de la création des mondes et des créatures qui les habitent.

Perle

- En Italie, on affirmait que les perles apportaient la pureté et l'innocence à la personne qui les portait.

- Dans la Rome antique, on disait que la perle favorisait la clarté d'esprit.

- Les perles sont aussi censées refléter l'état de santé de la personne qui les porte.

Quartz

- Au Japon, durant certaines cérémonies, on communiait avec les dieux en regardant dans une boule de cristal placée au centre de la pièce. Toute la famille s'assoyait autour de la pierre et méditait pendant de longues heures. Les réponses venaient par l'entremise de la boule de cristal.

- En Égypte, les prêtres d'Isis se servaient de boules de cristal pour des séances de divination.

- Les Gitans ont apporté la pratique de la boule de cristal partout en Europe.

Rubis

- En Birmanie, on croit que le rubis symbolise l'âme prête à entrer en communion avec le Bouddha. C'est le stade final de l'évolution de l'âme.

- En Chine, on croit que le rubis influence son porteur vers le bien ou vers le mal, selon sa nature profonde; quelqu'un qui porte un rubis ne pourra pas aller contre sa nature.

123

- Au Moyen Âge, on affirmait que le rubis aidait son porteur à franchir tous les obstacles placés sur son chemin. C'était une pierre très populaire chez la noblesse.

Saphir

- C'est la pierre la plus révérée en Inde. Le saphir est consacré à plusieurs déités hindoues; on lui reconnaît des pouvoirs occultes dont celui d'ouvrir les portes de la connaissance secrète.

- En Chine, on affirme que cette pierre augmente le désir de prier et de se consacrer à des activités religieuses. C'est aussi la porte de la sainteté, à condition que son porteur mène une vie sans violence.

- Au Moyen Âge, on était convaincu que le saphir éloignait les mauvais sorts et qu'il protégeait contre différentes maladies.

Topaze

- Cette pierre éloigne les cauchemars et augmente l'intelligence.

- Les Phéniciens croyaient que la topaze protégeait des périls de la mer.

- Durant la Renaissance italienne, on croyait que cette pierre perdait sa couleur en présence d'un poison.

Turquoise

- Au Tibet, cette pierre est réputée apporter la joie et le bonheur.

- Si cette pierre est donnée par un amoureux, elle perdra sa couleur si celui-ci cesse d'aimer.

- La turquoise est réputée changer de couleur lorsque son porteur est en danger.

Symboles et talismans

Les lignes qui suivent contiennent les principales significations d'objets souvent utilisés comme symboles et talismans.

Carré

- Le carré symbolise la stabilité, la fondation du foyer.

- C'est aussi le symbole du monde matériel et de la sécurité matérielle.

Cercle

- Le cercle, marque du zen, symbolise l'éternité, le tout, l'accomplissement.
- C'est aussi le symbole de la spiritualité, de l'unité avec le cosmos, avec l'univers.

Chaîne

- La chaîne représente la continuité, le lien entre le passé, le présent et l'avenir.
- C'est aussi le symbole de l'interdépendance entre tout ce qui est vivant.

Clef

- Portées en amulette, les vieilles clefs favorisent la chance.

Clochette

- La clochette sert à éloigner les fées et les lutins lorsque vous devez vous promener en forêt la nuit.

Croix

- La croix symbolise la protection.
- Elle est aussi le symbole des quatre éléments et démontre l'union et l'opposition entre ceux-ci.

Croix d'Ankh

- La croix d'Ankh était considérée par les Égyptiens comme un charme pour assurer la longévité et même l'immortalité.

Croix entourée d'un cercle

- Cette croix symbolise la vie physique en harmonie avec la vie spirituelle.
- Elle est aussi le symbole de l'union de la Terre avec le monde spirituel.

Étoile à cinq pointes (pentagramme)

- Le pentagramme représente l'union des quatre éléments avec un cinquième, celui de l'esprit.
- C'est le symbole de l'homme et de l'union synergétique dans le cosmos.

Étoile à six pointes (étoile de David)

- Cette étoile symbolise l'union des opposés et l'équilibre harmonieux.
- C'est aussi le symbole des forces créatrices.

Lune

- Depuis Babylone, cette amulette garantit la victoire contre vos ennemis.

Pointe de flèche

- Elle protège du mauvais œil depuis l'ère préhistorique.

Spirale

- La spirale symbolise l'évolution, la croissance et le progrès.
- C'est aussi le symbole du flot de l'énergie qui traverse le cosmos et les êtres vivants.

Triangle

- Le triangle représente la triade énergie, matière et espace.
- C'est aussi le symbole de l'énergie créatrice de l'homme lorsqu'il concentre les forces de son corps, de son intellect et de sa spiritualité.

«8» couché

- C'est le symbole de l'éternité, de l'équilibre dynamique entre les forces solaire et lunaire.
- C'est aussi le symbole de l'infini, par exemple en mathématiques.

Talismans des quatre coins du monde

Amour

- Porter une clef suspendue à l'aide d'un ruban rouge. (Europe)
- Pour trouver un mari : prenez de la terre à l'intersection de trois routes ; placez-la dans un petit sac que vous pendez à votre cou. (Maroc)

Chance

- Placez des plumes de hibou ou une dent d'ours au milieu du dos, à l'intérieur de votre manteau. (Inuit)

Fertilité

- Portez sur vous et vos vêtements l'image d'un croissant de lune. (Europe)
- Portez une tête de flèche sur un cordon de cuir autour de votre cou. (Zuni)

Protection

- Portez une épée miniature dans un fourreau d'or ou d'argent. (Sri Lanka)
- Pour chasser les mauvais esprits, placez un petit miroir rond près de votre lit. (Chine)
- Si vous vous sentez inquiet lors d'une promenade solitaire, lancez une poignée de gravier derrière vous. Cette action dispersera l'énergie négative qui vous entoure et éloignera les esprits malins. (Irlande)
- Afin de renforcer vos résolutions, allez cueillir une fleur de tournesol dans les champs. Pressez-en le jus et couvrez-en votre tête. (Europe)

CHAPITRE 12

ARGENT, CHANCE ET PROSPÉRITÉ

On ne peut penser aux superstitions sans en trouver mille et une qui aient pour but d'attirer l'argent, la prospérité ou la chance, parfois les trois en même temps.

Depuis la nuit des temps, l'être humain a toujours espéré trouver un ou plusieurs moyens d'obtenir ce qu'il veut – gloire, prospérité, richesse, bonheur –, de l'attirer à lui autrement qu'en travaillant sans relâche. Quel que soit notre amour du travail ou de la création, l'idée de recevoir un million de dollars en cadeau fait partie de nos fantasmes. À preuve, les innombrables et florissants jeux de hasard et loteries!

Voici quelques exemples de superstitions dans ce domaine qui survivent encore de nos jours, bien qu'elles se soient transformées avec les siècles.

Argent

C'est un sujet captivant parce que les pièces de monnaie sont de toutes les époques. On s'en servait jadis pour les transactions courantes, mais aussi comme partie intégrante d'un rituel pour apaiser les dieux ou leur demander d'apporter la richesse.

- Posséder une pièce de monnaie qui a été frappée au cours de l'année de notre naissance est réputé apporter de la chance et une longue vie.

- Au cours de l'Antiquité, on plaçait des pièces de monnaie sous le mât des navires afin de payer symboliquement le droit de passage aux dieux de la mer.

- Les pêcheurs d'Écosse ont l'habitude de placer une pièce de monnaie dans les flotteurs de leurs filets afin de prouver au dieu Neptune qu'ils sont prêts à payer pour les fruits de la mer.

- Les pièces de monnaie avec un trou au milieu sont réputées plus chanceuses que les autres. Il faut les exposer à la pleine lune pour augmenter leur pouvoir d'activer la prospérité dans notre vie.

- Il est bon de toujours garder sur soi quelques pièces de monnaie d'argent afin d'obtenir les meilleurs résultats dans toute transaction.

- La coutume de jeter une pièce de monnaie dans un puits provient de l'Antiquité; on le faisait pour plaire aux dieux qui, en retour, réalisaient parfois un désir.

- Si vous échappez de la monnaie, laissez quelqu'un la ramasser pour vous et vous la remettre. Cela attire d'autre argent vers vous. Si vous êtes seul, il vous faut piler sur l'argent de votre pied droit avant de le ramasser.

- Une vieille coutume grecque veut que les femmes prennent une des pièces de monnaie dont on recouvrait les yeux d'un mort pour la faire tremper dans du vin qu'elle donnait ensuite à son mari. Le mari devenait alors aveugle aux fautes de sa femme.

- Plusieurs traditions plaçaient une pièce de monnaie d'or ou d'argent dans la bouche d'un mort pour lui permettre de payer son passage dans l'au-delà. C'est pour fermer les yeux que les Grecs déposaient deux pièces de cuivre sur leurs morts; cela couvrait aussi le passage de l'Achéron, fleuve des Enfers, dans la barque de Charon.

- Afin d'avoir de l'argent toute l'année, on doit placer des pièces de monnaie dans la poche d'un vêtement que l'on porte pour la première fois.

- Si vous échappez de l'argent à la maison, vous devez aussitôt dire: «*Argent qui danse, c'est l'abondance!*» Ou: «*De l'argent sur le plancher, de l'argent qui entrera bientôt par la porte.*» Posez ensuite le pied dessus avant de le ramasser afin que d'autre argent vienne vers vous.

- Il est chanceux de trouver de l'argent dans la rue, mais il faut tout de suite s'empresser de le dépenser sans parler de son origine.

- Au matin du jour de l'An, frottez votre corps d'une pièce de monnaie pour vous assurer de gains accrus au cours de l'année.

- Un peu avant minuit, la veille du jour de l'An, placez quelques pièces d'argent à l'extérieur; vous pouvez les cacher. Allez les récupérer le matin du jour de l'An et vous serez assuré, au cours de cette année, de gagner un montant plus élevé que celui de vos factures.

- Une coutume veut que si l'on désire toujours avoir assez d'amis et d'argent, il suffit de nouer une ficelle en rond et de la garder dans son porte-monnaie ou dans sa poche.

- Pour faire un vœu, placez une pièce d'argent dans votre main, regardez par-dessus votre épaule pour voir apparaître la première étoile et faites votre demande.

- Si l'on rêve trois nuits consécutives à de l'argent, cela signifie que l'on en recevra sous peu.

- Compter trop souvent son argent signifie son absence prochaine.

- Laissez toujours quelques pièces de monnaie chez vous lorsque vous partez en voyage ou en vacances. Il est de mauvais augure de vider la maison de tout votre argent.

- Ayez toujours au moins une pièce de monnaie sur vous ou dans votre sac lorsque vous quittez la maison. Le meilleur charme est une pièce de monnaie avec un trou ou pliée. Ce genre de pièce constitue un talisman très chanceux.

- À la nouvelle lune, faites tourner des pièces de monnaie en argent afin d'assurer votre prospérité.

- Lorsque vous pliez votre argent, prenez soin de toujours plier vos billets vers vous, ce qui indique que de l'argent viendra vers vous. Les plier vers l'extérieur indiquerait des dépenses sans que d'autre argent vienne à vous.

- Pour attirer de l'argent vers vous, frottez une chandelle verte avec du clou de girofle. Placez cette chandelle dans un bougeoir, sur un billet de banque. Le jeudi suivant, trois heures après le coucher du soleil, faites brûler votre chandelle jusqu'à ce qu'elle s'éteigne. Le jour suivant, enterrez le bout de chandelle s'il y a lieu, frottez votre billet avec du clou de girofle et cachez-le dans votre maison.

Chance et prospérité

- Casser du verre blanc par inadvertance est un signe de chance.

- Marcher dans la merde signale une chance prochaine – particulièrement si c'est du pied gauche, mais à condition qu'on ne fasse pas exprès.

- Une façon de s'assurer la chance au jeu est de porter sur soi la corde d'un pendu.

- Pour faire tourner le sort en sa faveur, crachez sous votre chaise et portez quelques grains d'avoine dans vos poches.

- Les fils de prêtres étaient réputés comme extrêmement chanceux.

- Pour attirer la prospérité, placez quelques pièces de monnaie ainsi que des graines de citrouille dans un petit pot. Secouez vigoureusement le tout en imaginant l'élément de fertilité agissant sur l'argent. Placez ce pot dans un endroit où vous le verrez. Lorsque vous y pensez, secouez le pot pour activer la magie.

- Vous pouvez aussi placer quelques graines de citrouille dans votre porte-monnaie afin d'attirer la prospérité.

- Voici un autre talisman de prospérité. Façonnez un petit sac avec du tissu or, placez-y quatre graines de citrouille et une pièce d'un dollar. Fermez le tout et placez cette amulette sous votre lit.

CHAPITRE 13

BOISSONS, NOURRITURE ET REMÈDES

Lorsque nos ancêtres découvrirent le secret de la fabrication du vin et de la bière, cette découverte fut considérée comme un cadeau des dieux. On croyait alors que la fermentation qui produisait l'alcool était causée par un esprit né des fruits et des grains. Bien entendu, les boissons jouèrent un rôle important dans les rituels sacrés de toutes les religions.

Boissons

- Pour les Scandinaves, il n'est pas question d'entrer au paradis *(Valhalla)* sans que la personne ait consommé tout le vin et toute la bière qu'elle a renversés dans sa vie. Les boissons alcoolisées étaient considérées comme trop précieuses pour être gaspillées.

- Dans la Grèce antique, on affirmait que, chaque fois que l'on versait du vin, on invoquait Dionysos; chez les Romains, on invoquait plutôt Bacchus.

- En Allemagne, le peuple germain avait des brasseurs spéciaux pour la bière que l'on offrait aux dieux.

- Les Celtes avaient l'habitude de passer une même coupe le long du cercle formé lors des assemblées. Cela signifiait que tous étaient égaux et amis.

- En Chine, on laisse du vin et de la bière en offrande pour les morts qui sont, paraît-il, très friands du réconfort offert par leurs descendants.

- En Inde, le dieu Indra est réputé pour boire une boisson nommée *Soma*, qui donnerait du pouvoir.

- En Perse, il existe une autre version de ce vin qu'on nomme *Haomas* et dont l'essence contient l'esprit de la déesse Hashi.

- En Égypte ancienne, on raconte l'histoire de sept mille barils de bière qui sauvèrent l'humanité. Dans un moment de colère contre les hommes, le dieu Râ envoya Sekhmet, déesse redoutable, détruire l'humanité. Il revint rapidement à de meilleurs sentiments et, pour arrêter la déesse, il renversa plusieurs milliers de barils de bière. De fait, cela arrêta Sekhmet, qui se mit à boire et en oublia sa mission.

- Dans la Rome antique, il est réputé que les sibylles buvaient de grandes quantités d'alcool pour favoriser les états de transe et les visions prophétiques. C'est de là que provient le dicton : «*Trouver la vérité dans le fond d'une bouteille.*»

- Il est reconnu que faire boire du vin de messe consacré à un enfant qui est malade le guérira.

- Il est chanceux de renverser du vin ou de la bière sur soi. C'est un signe que les dieux nous ont en haute estime.

- Dans certaines régions, lorsqu'on renverse du sel, on doit aussitôt y verser du vin afin de conjurer le mauvais sort.

- Il est renommé que deux personnes qui boivent à la même coupe partageront un destin commun.

Nourriture

- Mettre du sel à la place du sucre, ou vice-versa, en cuisinant, annonce une bonne nouvelle.

- Oubliez de mettre des épices en cuisinant présage l'arrivée de problèmes.

- Pour connaître le déroulement d'événements ou de situations dans votre vie, plantez cinq graines séparément dans cinq pots. Chaque graine symbolise un événement ou un projet spécifique. La germination de chaque pousse vous donnera la séquence dans laquelle se présenteront les événements.

- Si vous faites brûler du poisson ou du poulet en cuisinant, cela signifie que vous serez l'objet de commérages prochainement.

- Un œuf brisé accidentellement annonce de bonnes nouvelles sous peu.
- Les amandes sont réputées pour prévenir l'ivresse.

Remèdes

Les maladies et leurs remèdes sont une source de superstitions souvent bizarres.

- Pour guérir une brûlure mineure, il suffit de souffler trois fois sur elle en disant: «*Deux dames passent sur mon chemin, l'une avec du feu et l'autre avec de la glace. Que la dame au feu passe son chemin, mais que celle avec la glace reste.*»
- Pour se guérir d'un rhume, il est conseillé de porter une parure de grenats ou de rubis. L'œil-de-chat est aussi recommandé.
- Pour arrêter une blessure de saigner, nouez une ficelle rouge et placez-la sur le sol; ensuite, plantez votre couteau dans le sol, à l'intérieur du cercle formé par la ficelle.
- Pour guérir un estomac embarrassé, placez un cent de cuivre sur votre nombril.
- Pour guérir du mal de tête, décrivez votre mal sur un bout de papier que vous faites aussitôt brûler devant trois témoins.
- Pour guérir un mal de dents, prenez votre chaussette gauche, pliez-la et placez-la sous votre oreiller avant d'aller dormir.

CHAPITRE 14

FOLKLORE ET SUPERSTITIONS DIVERSES

Il est assez amusant de découvrir comment les peuples de l'Antiquité voyaient les choses et comment leurs superstitions et leurs coutumes sont parvenues jusqu'à nous. Par exemple, de nos jours, nous enseignons aux enfants à ne pas cracher; par contre, dans les temps anciens, cracher était considéré comme une façon usuelle de sceller des pactes et des affaires. Pline l'Ancien, le philosophe, allait jusqu'à dire que placer quelques gouttes de crachat derrière son oreille était un bon moyen d'acquérir des pensées sereines.

Folklore

Asie et Europe

- Dans le pays de Galles ainsi qu'en Islande, les enfants sculptaient de gros navets au lieu de citrouilles, lors de l'Halloween, pour éloigner les mauvais esprits.

- Au Moyen Âge, on a déterminé que chaque partie du corps avait une correspondance avec un signe du zodiaque. Bélier: la tête; Taureau: la gorge; Gémeaux: les bras; Cancer: la poitrine et les poumons; Lion: le cœur; Vierge: les intestins; Balance: l'estomac; Scorpion: les organes génitaux; Sagittaire: les cuisses; Capricorne: les genoux; Verseau: les jambes; Poissons: les pieds.

- Si le feu brûle d'un côté seulement, c'est un signe de mariage prochain dans la famille. Un feu qui pétille annonce de la pluie; s'il semble hurler, c'est qu'il y aura une tempête violente prochainement.

- Après une longue maladie, il est conseillé de prendre une marche en direction du soleil pour assurer une bonne convalescence.

- L'art du tatouage est très ancien; souvent, dans les cultures primitives, le tatouage servait à protéger la partie du corps où il était dessiné.

- L'idée qu'il est vulgaire pour une femme de siffler nous vient de la croyance qu'une sorcière pouvait, en sifflant, créer ou appeler une tempête.

- Dans certaines cultures asiatiques, on célèbre toujours son anniversaire de naissance au Premier de l'an, quelle que soit la date de naissance réelle. Dans ces cultures, la vie ne peut commencer avant le Premier de l'an.

- Dans plusieurs traditions et recettes magiques, une potion pour faire dormir contient un fragment d'os humain. Cela s'explique parce que, dans plusieurs cultures, le sommeil était considéré comme une mort; par conséquent, l'os d'un mort pouvait aider à trouver le sommeil.

- En Rome antique, juin était le mois traditionnel des mariages et la mariée portait un voile orangé.

- En Russie, on croyait que l'âme d'une sorcière prenait la forme d'une corneille.

- Une chaise berçante qui bouge toute seule indique des visiteurs inattendus.

- Placez dans un bol treize bouts de papier sur lesquels vous avez inscrit une question différente. Couvrez-les d'eau. La réponse à la question du premier morceau de papier qui remonte à la surface est «oui».

- Lorsqu'une question vous assaille sans arrêt, laissez tomber une petite pierre dans un grand bol d'eau. Comptez le nombre de cercles causés par votre pierre; si le nombre est impair, la réponse est «oui»; si le nombre est pair, la réponse est «non».

- Écrivez un vœu sur une feuille de papier; placez-la face dessous sur une assiette et mettez-y le feu. Si votre feuille est complètement consumée par les flammes, votre vœu sera exaucé.

- Se faire éveiller par des oies, le matin, signifie que des troubles surviendront bientôt.

- Un faucon qui vole dans votre direction signifie que des personnes importantes feront surface dans votre vie.

- Rencontrer un agneau solitaire signifie que votre vie sera pleine de joie et de sérénité.

- Croiser une tortue sur votre chemin présage une vie tranquille et des activités agréables et profitables.

- Une sauterelle dans votre maison indique des nouvelles de voyage.

- Embrasser un amoureux pour la première fois sous une nouvelle lune présage un mariage.

- Un enfant qui naît avec une main ouverte présage une nature généreuse.

Moyen-Orient

- Au Moyen-Orient et dans les pays islamiques, les cadres des portes et des fenêtres sont souvent peints en bleu afin d'empêcher que des esprits malins n'entrent dans les maisons.

- En Égypte, une représentation du soleil et de ses rayons était une puissante amulette pour vaincre le Mal.

- Les Berbères croient que le symbole d'une main bleue à cinq doigts indique la protection, le soutien, l'autorité et le pouvoir. On trouve ce symbole dans beaucoup de bijoux dans tout le monde islamique.

- Une main avec un œil au centre de la paume indique la clairvoyance.

- Pour les Arabes, des bijoux de chrysolite et de perle ainsi que les amulettes contenant du musc, de l'ambre gris ou du safran attirent la prospérité.

- Les anciens Maures gardaient des porcs dans leurs étables afin que les djinns (esprits malins) ne s'attaquent pas aux chevaux.

- Pour les peuples de l'Arabie, les djinns du feu étaient des *efrits* qui ressemblaient à de petites flammes; les djinns de la terre se nommaient *daolanin* et étaient de la couleur du sol qui les abritait, tandis que les djinns de l'air étaient aussi capricieux qu'une brise; les djinns de l'eau, appelés *maridans*, vivaient même dans les drains.

- S'il y a une épidémie ou des ennuis dans un village, on fait traverser celui-ci par un chameau qui attire toute l'énergie négative. Ensuite, on sacrifie l'animal afin que le village soit débarrassé de la maladie ou des troubles.

- Pour protéger une personne malade des démons et des esprits malins, on place sous son oreiller une dague ou un couteau en fer. Le fer est renommé pour chasser les mauvais esprits.

- Les chats étaient des créatures hautement appréciées par les Égyptiens, tellement que ceux qui en avaient les moyens les faisaient embaumer à leur mort et leur érigeaient même des tombes. On allait même jusqu'à momifier des souris pour les accompagner dans l'au-delà !

Superstitions diverses

Protection en voyage

Même si elles paraissent parfois un peu idiotes, toutes ces recettes et superstitions sont tirées d'un riche folklore qui a souvent fait ses preuves.

- La mousse d'Irlande est une plante qui protège les voyageurs ; placez-en dans des petits sacs de coton blanc que vous pouvez facilement glisser dans vos poches, dans le coffre à gants, dans vos valises.

- Pour vous assurer un retour sain et sauf, ramassez trois petites roches devant votre maison ou dans votre jardin. Dites à vos roches qu'elles vous accompagnent dans votre voyage et qu'à votre retour, vous les replacerez là où vous les avez prises. Cette tradition qui veut que les roches veillent sur vous et assurent votre retour nous provient d'Irlande.

- Pour vous protéger des voleurs, placez un héliotrope dans votre poche gauche.

- Afin que vos valises ne soient pas ouvertes et dévalisées, placez dans chacune d'elles une pincée de consoude (*comfrey*).

- Pour empêcher des esprits malins de vous suivre en voyage, tournez sur vous-même trois fois dans le sens contraire aux aiguilles d'une montre au moment où vous sortez de votre maison.

- Suspendez un pentagramme ou n'importe quel symbole de protection à votre rétroviseur afin de protéger votre voiture.

- Avant de partir en voyage, pour vous éviter tout ennui, lavez votre voiture et ajoutez les herbes suivantes à votre eau de rinçage: romarin, fenouil, thym, poivre, basilic, cannelle et feuilles de laurier. Une cuillère à thé de chacune des herbes suffit pour une grosse chaudière d'eau.

- Un sac de sel sous le siège de la voiture protégera celle-ci des accidents malencontreux: enfants qui renversent leur boisson sur les coussins, chicanes, tiraillages et discussions vives. Une fois de retour, vous devez jeter le sel afin de vous débarrasser des influences négatives qu'il a absorbées.

- Pour les voyages en avion, faites-vous un sachet d'aubépine; c'est une protection contre les éclairs.

Chanter

Pratiquement toutes les occupations humaines sont associées à une ou plusieurs superstitions, et chanter ne fait pas exception.

- Il est reconnu que chanter dans l'entourage des plantes les encourage à mieux croître. Une coutume encore plus ancienne veut que si l'on chante en faisant la récolte, les produits resteront frais plus longtemps.

- Chanter près d'un cours d'eau ou avec le vent contre soi aide à transporter son message à un ami lointain.

- Il est recommandé de chanter nos ennuis devant un feu rugissant afin que celui-ci brûle nos problèmes.

- Si des oiseaux chantent au-dessus du cortège d'un mariage, le couple ne se séparera jamais.

- Pythagore, un philosophe grec de l'Antiquité, affirmait que les chants solennels purifiaient l'âme des pensées irrationnelles.

- Si vous chantez avant de manger, vous pleurerez avant de vous coucher.

- Chanter à table ou chanter au lit vous ouvre aux influences maléfiques et pourrait vous faire mourir rapidement.

- Chanter inconsciemment dans son bain ou sous la douche ouvre la porte à la chance dans la vie de tous les jours.

- Les petites filles qui sifflent auront de la barbe en grandissant. (Cette superstition date de l'ère victorienne où les bonnes manières étaient inculquées par la force, si nécessaire.)

- Si vous entendez un sifflement dans votre oreille droite, de bonnes nouvelles sont en route.

- Si vous êtes la première personne à entendre le roucoulement de la colombe au printemps, vous serez marié avant la fin de l'année.

- Les marins croient que porter une boucle d'oreille protège de la noyade.

CHAPITRE 15

CALENDRIER, CÉLÉBRATIONS ET FÊTES

Les fêtes et les célébrations de toutes sortes ont donné lieu à une multitude de superstitions dont l'origine nous est souvent inconnue; de fait, plusieurs d'entre elles ont été transformées au fil des temps et des religions. On ne peut toutefois parler de fêtes et de célébrations sans parler du calendrier, c'est-à-dire des jours de la semaine et des mois de l'année; leurs significations respectives aident à comprendre les coutumes et les superstitions qui ont encore cours maintenant.

Jours de la semaine

La signification de chacune des journées de la semaine tend à changer selon le mois, mais il reste toujours un ancien fond qui colore chaque journée d'une saveur particulière, parfois bénéfique, parfois malicieuse, et qu'il est intéressant de noter.

Lundi

- Selon le calendrier chrétien, c'est la première journée, celle qui détermine le reste de la semaine, comme en témoignent les dictons suivants: «*Vilain lundi, belle semaine*», ou encore: «*Gros lundi, petite semaine.*»

- Ce n'est pas une journée particulièrement bonne, peut-être parce qu'elle signale la rentrée au travail.

- Au Moyen Âge, trois lundis de l'année étaient considérés comme vraiment néfastes: le premier lundi d'avril, présumément le jour de la naissance de Caïn; le second lundi d'août, qui marque la destruction de Sodome et Gomorrhe; et, finalement, le dernier lundi de décembre, qui commémore la naissance de Judas Iscariote.

- Autre détail, il ne faut pas porter d'émeraude le lundi ni même des vêtements de cette couleur, car on risque alors de ne rien faire de bon au cours de la semaine.

Mardi

- Pour l'Occident influencé par les grands empires de Rome et de Grèce, le mardi, qui était dédié à Mars, dieu de la guerre, est le jour idéal pour partir en combat ou pour livrer bataille.

- Lorsque le christianisme s'est allié à Rome, vers l'an 500 de notre ère, plusieurs des anciennes coutumes romaines furent assimilées; après tout, l'Empire romain avait connu un succès sans précédent.

- Plusieurs des grandes batailles du Moyen Âge ont eu lieu un mardi ou ont commencé en cette journée. La coutume voulait aussi que le mardi soit la journée idéale pour partir en croisade, après avoir entendu la messe, naturellement, et avoir reçu la Sainte Communion.

- Pour les Arabes, il est néfaste de se battre un mardi; on comprendra que cette information fit grand plaisir aux chevaliers des croisades.

- Le mardi est une journée faste dans les domaines du commerce et des transactions.

- Il ne faut pas porter de fleur à sa boutonnière un mardi, car cela porte malchance.

Mercredi

- Placé sous le signe de Mercure, c'est un jour privilégié pour les musulmans qui croient que Dieu créa la lumière au cours du troisième jour.

- Partout en Occident, c'est une journée favorable aux entreprises et aux voyages.

- Au Moyen Âge, ce n'était pas un jour très fortuné pour les sorciers; on en ignore cependant la raison.

- Une superstition affirme que l'on ne doit ni se marier ni porter de gants le mercredi.

- Une nouvelle lune qui tombe un mercredi est jugée particulièrement néfaste; on peut s'attendre au pire: la croyance veut que cela attire les pires catastrophes, rende les femmes hystériques et les enfants fous. On dit même que l'un de ces mercredis en cent ans est de trop.

Jeudi

- Tout le monde connaît la phrase: «*Faire quelque chose la semaine des quatre jeudis*» pour signifier que cela ne se fera jamais.

- Saviez-vous que, traditionnellement, il ne fallait ni travailler le jeudi, ni filer, ni tisser, ni coudre, ni manger de coq, ni cuire de pain, ni porter de rubis! On peut comprendre que plusieurs personnes, notamment la majorité des femmes du Moyen Âge, rêvaient d'une semaine des quatre jeudis! C'est aussi ce qui a valu aux écoliers européens d'avoir les jeudis libres pendant très longtemps.

- Les Arabes considèrent le jeudi comme une journée très favorable et idéale pour les mariages.

- En Extrême-Orient aussi, on considère cette journée favorable pour les mariages, car c'est le meilleur jour de la semaine pour introduire sa nouvelle épouse sous le toit conjugal. Dans des foyers où la polygamie était courante, il fallait naturellement mettre toutes les chances de son côté...

- Pour les chrétiens, il n'est pas recommandé de se marier un jeudi car, traditionnellement, c'est le jour des fées. Si les elfes trouvent l'un ou l'autre des conjoints à leur goût, ils pourraient bien l'enlever et cette personne serait perdue à tout jamais. On raconte à cet effet plusieurs histoires de jeunes et belles mariées vêtues de vert (une couleur malchanceuse pour se marier, car c'est la couleur des fées) et de beaux jeunes hommes enlevés avant d'arriver sur le parvis de l'église. On dit qu'ils revenaient parfois au bout de vingt ans, toujours jeunes, alors que tous avaient vieilli et que certains étaient morts. Leur détresse était alors tellement grande, qu'ils ne pouvaient supporter de vivre plus longtemps et s'enlevaient la vie. Il ne faut pas oublier qu'au Moyen Âge, la durée moyenne de vie des paysans était d'environ trente-quatre ans. Quelqu'un de quarante ans était vieux.

Vendredi

- Placée sous le signe de Vénus, on considérait cette journée dédiée à l'amour et au plaisir, sous les empires grec et romain.

- Le christianisme en a fait une journée mauvaise en affirmant que c'est un vendredi qu'Ève proposa la pomme à Adam.

- Allié au chiffre 13, le vendredi devient carrément atroce. La coutume voulant que le 13 soit un chiffre malchanceux nous vient de Babylone où, lors des grandes fêtes sacrées, on conviait 13 hommes à tenir le rôle des dieux. Pendant tout le festival, ils étaient honorés et servis comme des rois, mais lors de la dernière journée, un des 13 était sacrifié pour assurer l'abondance et la prospérité de l'année à venir.

- Cette coutume fut renforcée par la Dernière Cène où les douze apôtres et le Christ étaient attablés ensemble; dans le lot se trouvait un traître et le Christ fut sacrifié. Rien de bon pour la réputation de ce jour, le vendredi est aussi le jour de la mort du Christ.

- C'est également au cours de la nuit du vendredi au samedi que les sorcières allaient au sabbat.

- Plus tard, en Angleterre et aux États-Unis, on avait l'habitude de faire mourir les condamnés au cours de cette journée.

- En Bretagne, on évite d'enterrer les morts en cette journée, car une superstition veut que trois autres personnes de la famille décèdent à leur tour si on agit ainsi. En fait, on évite d'entreprendre quoi que ce soit en cette journée, car les résultats pourraient être désastreux.

- Si on rêve durant la nuit du vendredi et qu'on raconte son rêve à quelqu'un de sa famille dès le réveil le lendemain, il se réalisera.

- Il ne faut pas oublier les prévisions du temps: «*Laid vendredi, beau dimanche*», ni celles des émotions: «*Qui rit vendredi, pleurera dimanche.*»

Samedi

C'est une journée un peu ambivalente.

- L'ambivalence du samedi tient au fait que Dieu créa l'homme le sixième jour, soit le samedi. Ainsi, la coutume veut que ce jour-là, le soleil brille au moins quelques heures.

- Pour la tradition juive, c'est une journée sacrée puisque le sabbat commence le vendredi, au coucher du soleil, et dure jusqu'au coucher du soleil du samedi. C'est la raison pour laquelle l'Église chrétienne en a fait une journée des sorcières. Pour supplanter toutes les religions qui existaient avant elle, l'Église de Rome a commis bien des crimes. Son ascendant sur le peuple était tellement fort que l'on n'hésita pas à construire des bûchers, vers la fin du Moyen Âge et tout au long de la Renaissance, pour y brûler les ennemis de l'Église, les infidèles.

- Les dictons sur le samedi ne manquent pas: «*Le soleil par excellence, le samedi fait sa révérence.*» Ou encore: «*En hiver comme en été, jamais samedi n'est passé que le soleil n'y ait mis son nez.*»

- En Bretagne, on affirme que c'est la journée où la Vierge Marie fait sa lessive.

- En Écosse, on croit que quiconque est né un samedi aura le don de seconde vue et sera capable de percevoir les fantômes et les esprits.

Dimanche

C'est naturellement, dans bien des cultures, une journée sacrée; celle où Dieu se reposa de ses labeurs. Il est donc naturel que les gens se reposent le dimanche.

- Pendant longtemps, on ne devait à aucun prix travailler le dimanche parce que cela portait malheur. Tout le monde connaît au moins une histoire concernant un homme ou une femme qui, travaillant le dimanche, tomba raide mort!

- Cette journée est aussi propice pour commencer tout traitement médical, comme si cela se faisait sous l'égide de Dieu.

- Pour une nouvelle mère, c'est la journée idéale pour quitter son lit d'accouchement. Dans certaines régions, l'enfant né un dimanche est vu comme un prophète.

- Il est de mauvais augure de commencer une nouvelle entreprise ce jour-là ou de mener des affaires.

- Aux États-Unis, une superstition indique que cela porte malheur de changer les draps un dimanche.

- Chez ceux qui chantent au sein d'une chorale, on dit que celui qui fait une fausse note à l'église trouvera un repas brûlé à son retour.

- Certains dictons circulent encore: «*Du dimanche matin la pluie, bien souvent la semaine s'ennuie.*» Ou encore: «*Qui pleure le dimanche, ne rira pas le vendredi.*»

Mois et fêtes s'y rapportant

J'ai choisi de parler ici des mois de l'année et d'y inclure les fêtes et les célébrations les plus populaires. Il est intéressant de reconnaître la similarité entre les dates des fêtes que nous célébrons avec celles que l'on célébrait avant la chrétienté; leurs significations se sont mêlées inextricablement au cours des siècles et les superstitions ont suivi de près. De plus, avec le temps, l'information qui était restée cachée pendant des siècles a refait surface; maintenant, nous pouvons prendre pleinement conscience d'où proviennent les fêtes, les coutumes et les superstitions qui nous sont si familières.

Il faut se rappeler que notre calendrier nous provient des Romains et que le cycle des douze mois tend à s'adapter au cycle des saisons de l'Occident de l'époque.

Janvier

Premier mois de l'année, c'est celui des souhaits et des vœux, ainsi que des résolutions qui ne durent souvent que l'espace de ce mois.

- Dans la société paysanne, ce mois jouait un rôle important en déterminant la qualité des saisons à venir. C'est souvent le mois le plus rude de l'hiver et plusieurs dictons rappellent aux fermiers la prévoyance: «*Compte bien en janvier que tu as mangé la moitié de ton grenier.*» Ou: «*Garde un écu entier pour le mois de janvier.*»

- «*Cadeau de janvier, ingratitude de février*» présage que le temps clément en janvier présage souvent un rude mois de février. «*Verdure en janvier, été fera pitié*» annonce un été froid.

- **Saint-Sylvestre**: il s'agit, bien entendu, de la nuit du 31 décembre et de l'arrivée de la nouvelle année. À cheval entre les deux, il est bon de bien manger pendant le réveillon afin d'inviter l'abondance et de faire fuir la disette. La coutume de suspendre du gui au plafond ou à la porte provient des druides celtes; elle signifiait qu'à l'arrivée de la nouvelle année, on faisait une trêve: tout le monde s'embrassait pour symboliser la paix et la bonne volonté pour le reste de l'année. Il ne faut pas laisser le feu s'éteindre dans la cheminée, le soir de la Saint-Sylvestre, car cela porterait malheur. Une nuit calme, sans vent violent, présageait une année abondante.

- **Jour de l'An**: petite note historique, c'est César qui changea le début de l'année, qui se célébrait alors le 1er mars, pour le ramener au 1er janvier. Plus tard, en France, sous le règne des Mérovingiens, on retourna au 1er mars, alors que les Carolingiens préférèrent le jour de Noël. Il faudra attendre Charles IX pour revenir au 1er janvier, en 1564. C'est la raison pour laquelle les traditions qui entourent le jour de l'An sont plutôt récentes, bien que certaines aient toujours eu cours. Par exemple, porter des vêtements neufs le Premier de l'an est, paraît-il, garant d'une bonne année. En lisant les chapitres précédents, vous remarquerez que la majorité des traditions et des superstitions s'y rapportant tournent autour de la prospérité et de l'argent. En fait, il s'agit de l'espoir d'améliorer sa situation.

  La première personne que l'on rencontrait au matin de ce jour revêtait un sens important: si c'était une femme, on pouvait prévoir des ennuis; rencontrer un homme annonçait une bonne année. Être sans le sou ce jour-là était de mauvais augure, car on serait pauvre toute l'année. Pour ce qui est des prédictions sur le temps à venir, on disait s'il pleuvait: «*Le mauvais temps entre en nageant*»; cela annonçait une année maussade. Par contre: «*Temps clair et doux au Nouvel An assure le beau temps.*»

- **Épiphanie ou fête des Rois**: c'est l'une des plus anciennes fêtes de l'Église chrétienne. Dans les temps anciens, elle marquait la fin des douze jours de célébration de Noël, la période des fêtes. Même de nos jours, on continue, dans bien des pays, à servir le gâteau des Rois dans lequel on a glissé une fève et un pois pour couronner le roi et la reine de la fête. Pour connaître l'état de santé des parents ou des amis absents, il faut conserver les portions de gâteau qui leur étaient réservées. Placez ces morceaux dans une armoire et examinez-les quelques heures plus tard; l'état du gâteau vous donnera une bonne indication... Dans les pays germaniques, pour protéger la maison des incendies, on trace les initiales des trois Rois mages sur les portes des maisons.

Février

C'est sous le règne de Jules César que février acquit une journée supplémentaire tous les quatre ans. Mais, en général, on redoute ce mois si court et parfois si malicieux. C'est un mois plutôt néfaste où l'hiver fait encore rage et où l'on attend impatiemment le printemps et le renouveau.

- *«Février de tous les mois, est le plus court et le plus matois.»*
- **Chandeleur**: c'est une fête récupérée par l'Église chrétienne qui symbolise la purification de la Vierge. C'est en fait la date d'un festival très ancien, apparu bien avant le christianisme, qui se nomme *Imbolc* et qui est la fête de la lumière. Dans les pays scandinaves, même de nos jours, on continue à célébrer cette fête au cours de laquelle une jeune femme porte une couronne de treize bougies pour marquer l'allongement des jours.
- **Saint-Valentin**: saint Valentin était un jeune prêtre qui fut mis à mort pour s'être opposé à une loi interdisant aux soldats de se marier. Le 14 février lui fut dédié car, dans la Grèce antique, cette journée était consacrée aux dieux des femmes et du mariage. Le crocus jaune est son emblème et si une jeune fille le porte à son corsage en ce jour, elle peut espérer rencontrer l'homme de sa vie. Comme c'est la fête des amoureux, on peut se douter que les superstitions tourneront autour du choix d'un mari. La superstition qui suit avait cours dans toute l'Europe et personne n'y faisait vraiment attention, sauf les jeunes filles qui cherchaient un mari; elle se base sur le premier oiseau que la jeune femme voit en sortant de la maison au matin de la Saint-Valentin: celui-ci lui dévoile le genre de mari qu'elle trouvera. Voici les options:
  - Carouge: un ministre du culte ou un homme très pieux.
  - Colombe: un homme au grand cœur.
  - Fauvette: un homme riche.
  - Moineau: un homme heureux.
  - Faucon: un soldat, un guerrier ou, à tout le moins, un homme brave.
  - Gros-bec: un homme qui critique ou qui a un mauvais caractère.

- Merle: un marin.
- Hibou: un homme qui ne vivra pas longtemps.
- Geai bleu: un homme heureux.
- Pic: aucun homme; la jeune femme ne se mariera jamais.

Mars

C'est le mois de l'arrivée du printemps, mais aussi et surtout du combat que livre l'hiver qui ne veut pas quitter.

- C'est en général, semble-t-il, un mois assez néfaste pour les naissances, surtout entre le 20 et le 24 mars.
- Dans certaines régions, il faut cracher sur tous les arbres fruitiers le 10 mars afin d'assurer une abondance de fruits.
- **Équinoxe du printemps**: la date du 21 mars marque l'arrivée officielle du printemps. C'est une journée où la nuit et le jour durent respectivement douze heures. Par la suite, les journées s'allongent jusqu'au solstice d'été, qui signale la journée la plus longue de l'année. Pour ce qui est des traditions préchrétiennes, c'était une journée sacrée où l'on célébrait le renouveau, la renaissance.
- **Semaine sainte**: pour supplanter la fête qui entourait l'équinoxe, l'Église y opposa Pâques, qui se situe entre le 22 mars et le 15 avril, et la Semaine sainte. C'est un temps plutôt incertain, bien que le jour du Jeudi saint on dise: «*Beau temps du Jeudi saint, pendant l'an se maintient.*» Par contre, le jour de la Passion est le plus néfaste de l'année: c'est un vendredi et, de surcroît, un jour de jeûne complet. Toute action entreprise en cette journée est vouée à l'échec. Voici quelques interdits: celui qui grimpe à un arbre risque une chute mortelle; le pain cuit en ce jour moisit immédiatement ou, au contraire, se garde à jamais; il ne faut pas sevrer un enfant en ce jour, car il risquerait de refuser de manger à tout jamais. C'est, par contre, une bonne journée pour se débarrasser de la vermine et pour purifier son foyer.

Avril

- Mois de transition par excellence: «*En avril, ne te découvre pas d'un fil*» traduit bien cette notion, car on craint toujours un retour de l'hiver.

- Traditionnellement, le 1er avril est, depuis 1564, un jour de plaisanteries et de farces. Comme je l'ai mentionné plus haut, c'est lors de cette année-là que l'on changea de nouveau la date du Nouvel An. Pendant quelque temps, il avait été fixé au 1er avril avant de revenir définitivement, en 1564, au 1er janvier. Les premiers temps, plusieurs personnes trouvèrent drôle et amusant de faire croire à leurs amis qu'on avait de nouveau changé la date du Premier de l'an pour le 1er avril. C'est à partir de cette époque que ce jour est devenu la fête de la farce.

Mai

- Mois du printemps et du renouveau, il était célébré dans les temps préchrétiens par l'un des festivals les plus importants, celui de Beltane.

- Pour contrer cette coutume, l'Église en fit le mois de Marie, celui de la virginité.

- Les mariages étaient fortement déconseillés au cours de ce mois.

- Les enfants nés pendant cette période étaient réputés être fragiles et souvent appelés à mourir jeunes.

- Malgré tout, c'était un mois de rituels amoureux de toutes sortes.

Juin

C'est le début de l'été. Sur le plan des superstitions, il n'y a que la Saint-Jean, au solstice d'été, qui pourrait avoir une quelconque importance. On se tourne plutôt sur les prévisions des récoltes.

- En Belgique, on affirme: «*Un pré est bien vaurien, quand en juin il ne donne rien*», car chacun sait que «*C'est le mois de juin qui fait le foin*». Il faut cependant se méfier de la pluie, car «*Pluie de juin ruine le moulin*».

Juillet

Ce mois est encore plus court au chapitre des superstitions. On est sans doute trop occupé à travailler dans les champs.

- En Provence, on dit toutefois: «*Qui maudit l'été, maudit son père*» car, après tout, l'été produit les récoltes et nourrit les hommes.

Août

- Le 1er août était un festival important aux temps anciens. L'Église en fit une date fatidique: celle de la chute de Lucifer.
- Il ne faut pas faire de saignée ce jour-là; le patient en mourrait.
- C'est un mois de labeurs intensifs, car «*En août, quiconque dormira, sous peu s'en repentira*».

Septembre et octobre

Ils sont réunis, car ils représentent la mi-saison, les vendanges, les récoltes et l'attente de l'hiver. Dans les religions préchrétiennes, on fêtait donc l'équinoxe d'automne avec entrain.

- Pour ce qui est des superstitions, c'est le temps des prédictions pour l'hiver qui s'en vient: «*Quand les oies sauvages vont de bise en bas, petit bonhomme, fourre-toi sous les draps.*»
- Si les chats ont une fourrure épaisse, il fera froid au cours de l'hiver; si les fourmilières sont hautes, il en ira de même.
- Les plantes aussi nous parlent: «*Ail mince de peau, hiver court et beau.*» Ou encore: «*Quand les oignons ont trois pelures, grande froidure.*»
- Durant septembre, mois des vendanges, les étoiles filantes sont de bon augure: «*Quand beaucoup d'étoiles filent en septembre, les tonneaux sont trop petits en novembre.*»

Novembre

C'était, pour les druides, la fin et le début de l'année.

- Le christianisme en fit la Toussaint, une fête joyeuse de tous les saints, et fit du 2 novembre la fête des morts.
- L'Halloween vient directement des traditions préchrétiennes. C'est une fête bien connue chez nous. La majorité des superstitions qui l'accompagnent se confondent autour du 31 octobre, du 1er et du 2 novembre; ils nous viennent des Celtes et du culte des druides.
- Il ne faut pas sortir seul au cours de ces nuits, car les âmes des morts flottent en liberté et pourraient décider de nous posséder. Pour les repousser, plusieurs peuples de l'Irlande et de l'Écosse

153

sculptaient des navets et des citrouilles, et y plaçaient des chandelles pour effrayer les esprits.

- Dans beaucoup de contrées, on laisse un repas symbolique ou complet sur le pas de la porte pour nourrir les esprits et les inviter à passer leur chemin sans importuner les vivants.

- Dans le Sud-Ouest de la France, on dîne alors en famille et le seul sujet de conversation doit se rapporter aux personnes décédées; on laisse les chandelles sur la table après le repas ainsi que les restes de table afin de nourrir les esprits des morts.

- D'autres traditions sont rattachées à ce mois: c'est depuis le XVIIe siècle que les filles de plus de vingt-cinq ans qui ne sont pas mariées coiffent la Sainte-Catherine; cette sainte avait en effet la réputation d'être une excellente pourvoyeuse de maris pour les filles célibataires.

Décembre

C'est un mois froid, marqué par le solstice d'hiver qui nous donne la nuit la plus longue.

- Dans les pays scandinaves, au temps des Vikings, on allumait de grands feux de bois lors de cette nuit, car on craignait que le soleil continue à dépérir. L'arrivée de l'aube était signalée par de grandes célébrations, car le soleil avait décidé de revenir pour une nouvelle année.

- La chrétienté a remplacé ce festival par la fête de Noël. Dans les temps anciens, c'était le début des fêtes qui duraient douze jours, soit de Noël à l'Épiphanie. La majorité des traditions de ces fêtes proviennent des anciens cultes. L'arbre de Noël, par exemple, est en fait une reproduction d'une coutume celte où les druidesses garnissaient les conifères de fruits et de cadeaux.

- On dit que si l'on sort de l'église au moment de la consécration de la messe de minuit, on peut voir les morts faire une procession dans le village.

DE L'ÂGE DE PIERRE À L'ÈRE DE L'ORDINATEUR: SOMMES-NOUS SI DIFFÉRENTS?

Les trois exemples de journées marquées par la superstition et présentés en avant-propos de ce livre sont exagérés, bien sûr. Ils servent tout simplement à illustrer que la multitude de signes, de présages et de coutumes livrés dans cet ouvrage peuvent faire de notre vie un véritable enfer si nous leur permettons de nous prendre en otage. Avec toutes ces superstitions, on peut finir par appréhender de sortir de la maison ou même de son lit de crainte du mauvais sort!

Comme nous l'avons vu au fil des pages, les superstitions proviennent de nos racines; elles ont évolué avec nous au cours des siècles et, malgré l'âge de raison (sic!) dans lequel nous vivons présentement, elles sont toujours présentes sous une forme ou sous une autre. Ce savoir populaire est riche en traditions et ce qui en ressort, de façon évidente, c'est que l'être humain, quel que soit son degré de sophistication technique, spirituelle ou intellectuelle, ne peut tout contrôler constamment; il doit s'adjoindre des alliés afin de favoriser le sort. La différence fondamentale entre une personne logique et une personne superstitieuse, c'est que la première veut comprendre, alors que la seconde se fie à son intuition et aux signes qui lui sont accordés pour définir son univers.

Il arrive fréquemment, de nos jours, que certaines superstitions soient expliquées de manière scientifique; en fait, ce ne sont pas les superstitions qui sont expliquées, mais plutôt les phénomènes sous-jacents. La superstition tient souvent lieu de science lorsque la science elle-même ne peut répondre.

Le passage d'une comète n'est pas un signe de catastrophe, c'est le passage de débris stellaires qui croisent notre orbite. Par contre, le passage d'une comète peut causer des perturbations dans la température et la pression atmosphérique de notre planète. En ce sens, la superstition tente tout simplement d'expliquer, lorsque l'explication scientifique fait défaut ou qu'elle n'est pas encore discernable pour nous, la relation entre l'homme et l'univers, et les forces qui animent les deux.

Il ne faut pas oublier que les premiers êtres humains adoraient le soleil qui, pour eux, était la source de vie: pas de soleil, pas de lumière, aussi simple que cela! Cela peut nous paraître absurde à première vue, nous qui vivons dans la lumière artificielle la majorité du temps. Par contre, une panne d'électricité au cours de la nuit ou dans un endroit sans fenêtre et aussitôt nous sentons de vieilles peurs refaire surface, et nous nous apercevons alors que notre degré de sophistication et notre courage sont tributaires de notre technologie. Notre bravoure devant le noir est directement proportionnelle à la distance qui nous sépare du commutateur électrique. Les auteurs de récits d'horreur, tel Stephen King, le savent très bien; c'est d'ailleurs sur nos peurs et nos superstitions qu'ils jouent pour nous faire frissonner.

La superstition est donc née de l'ignorance; non pas par plaisir, mais par nécessité: c'était fondamentalement une question de survie. L'épaisseur des pelures d'oignons ne fait pas tellement de différence de nos jours, mais pour nos ancêtres, elle servait à juger et à jauger de la sévérité de l'hiver à venir. Aujourd'hui, les oignons proviennent d'un peu partout dans le monde et nous pouvons même, grâce à l'avion, nous procurer des fraises tout au cours de l'année. Si l'hiver est particulièrement froid, cela signifie simplement que le coût de notre chauffage va augmenter. Si nous attrapons un virus ou un microbe, nous le combattrons avec des antibiotiques. Nos préoccupations ne sont plus les mêmes que celles de nos ancêtres.

Mais, tout comme eux, nous avons besoin de comprendre ce qui se passe autour de nous et nous cherchons à prévoir ce qui va se produire afin d'y être préparés. Les amulettes peuvent vous sembler ridicules, mais combien d'entre nous possèdent une médaille de saint

Christophe? Il s'agit naturellement d'un cadeau de sa mère, d'une vieille tante ou d'un ami superstitieux, mais nous la gardons tout de même sous la main, *on ne sait jamais*... C'est la clef essentielle de toute compréhension des coutumes et des croyances populaires : *on ne sait jamais* ; ou encore : *et si c'était vrai*...

Regardez autour de vous et vous verrez un peu partout les signes apparents de la superstition, accompagnés d'une multitude d'explications ou, avouons-le, de justifications. Nous ne croyons pas à la chance, mais nous achetons des billets de loterie avec des numéros savamment choisis : *on ne sait jamais*... Nous avons confiance en nous, mais le jour d'une entrevue importante, nous allons chercher un surplus de confiance dans une pièce de vêtement qui, semble-t-il, nous porte chance... Notre esprit est éclairé, mais nous n'hésitons pas à consulter un voyant ou à lire le tarot pour savoir ce que l'avenir nous réserve.

Nous ne pouvons échapper aux superstitions tout simplement parce que l'être humain fonctionne avec des symboles, des archétypes qui lui permettent de progresser, d'aller plus loin, de faire un pas de plus pour connaître sa nature et celle de l'univers dans lequel il habite. La raison fondamentale pour laquelle nous ne pouvons échapper totalement aux superstitions est simple : malgré tous nos efforts pour expliquer et pour comprendre qui nous sommes, il existe toujours des mystères à notre sujet. En raison des progrès mêmes de notre science, nous prenons conscience que ce que nous savons est infime comparativement à ce qui nous reste à découvrir.

Les superstitions font partie intégrante de l'humanité, car elles servent à expliquer et à accepter ce que nous ne comprenons pas encore. Tant qu'il existera des mystères, nous rechercherons des explications qui seront parfois savantes ou scientifiques, parfois intuitives ou fantaisistes, dans l'espoir de déchiffrer un peu plus la merveilleuse complexité de notre univers. Ce qui nous apparaît maintenant une superstition fut à l'origine la connaissance d'un peuple, et que ce qui compose notre connaissance aujourd'hui pourrait bien devenir les superstitions de demain.

TABLE DES MATIÈRES